《岭南文化书系》编委会名单

岭南文化书系

广府文化丛书

广府商都

金峰 冷东 著

暨南大學出版社
JINAN UNIVERSITY PRESS
中国·广州

图书在版编目（CIP）数据

广府商都/金峰，冷东著．—广州：暨南大学出版社，2011.8
（岭南文化书系·广府文化丛书）
ISBN 978－7－81135－837－7

Ⅰ.①广…　Ⅱ.①金…　②冷…　Ⅲ.①城市史—广州市
Ⅳ.①K296.51

中国版本图书馆 CIP 数据核字(2011)第 078695 号

出版发行：暨南大学出版社

出 版 人：徐义雄
责任编辑：杜小陆　廖　原
责任校对：胡艳晴

地　　址：中国广州暨南大学
电　　话：总编室（8620）85221601
营销部（8620）85225284　85228291　85228292（邮购）
传　　真：（8620）85221583（办公室）　85223774（营销部）
邮　　编：510630
网　　址：http：//www.jnupress.com　http：//press.jnu.edu.cn

排　　版：广州市天河星辰文化发展部照排中心
印　　刷：深圳市新联美术印刷有限公司

开　　本：787mm×1092mm　1/16
印　　张：9.5
字　　数：142 千
版　　次：2011 年 8 月第 1 版
印　　次：2011 年 8 月第 1 次

定　　价：42.00 元

岭南文化书系·前言

五岭以南，素称岭南，岭南文化即岭南地区的人民千百年来形成的具有鲜明特色和绵长传统的地域文化，是中华文化的重要组成部分。由于偏处一隅，岭南文化在秦汉以前基本上处于自我发展的阶段，秦汉以后与中原文化的交流日益频繁。明清以至近代，域外文化不断传入，西学东渐，岭南已经成为传播和弘扬东西方文明的开路先锋，涌现出了如陈白沙、梁廷枏、黄遵宪、康有为、梁启超、孙中山等一大批时代的佼佼者。在20世纪70年代末开始的改革开放的浪潮中，岭南再一次成为试验田和桥头堡，在全国独领风骚。

在漫长的发展过程中，岭南文化形成了兼容、务实、开放、创新等诸多特征，为古老的中华文化的丰富和重构提供了多样态的个性元素和充沛的生命能量。就地域而言，岭南文化大体分为广东文化、桂系文化、海南文化三大板块，而以属于广东文化的广府文化、潮汕文化、客家文化为核心和主体。为了响应广东省委、省政府建设文化大省的号召，总结岭南文化的优良传统，促进岭南文化研究和传播的繁荣，在广东省委宣传部的指导和大力支持下，暨南大学出版社组织省内高等院校和科研机构的专家学者编写了这套《岭南文化书系》，该书系由《广府文化丛书》、《潮汕文化丛书》及《客家文化丛书》三大丛书共30种读本组成，历史胜迹、民居建筑、地方先贤、方言词曲、工艺美术、饮食风尚无所不有，试图从地域分类的角度完整展现岭南文化的风貌和精髓。在编写过程中，我们力图做到阐述对象的个性与共性相统一，学术性与通俗性相结合，图文并茂，雅俗共赏。我们希望这30种图书能够成为介绍和宣传岭南文化的名片，为岭南经济和文化建设的再次腾飞提供可资借鉴的精神资源。

需要说明的是，本书系曾获批为2009年度“广东省文化产业发展专项资金”资助项目，在项目申报和丛书编写过程中，广东省委宣传部的领导多次给予指导，并提出了许多宝贵的意见；中山大学、华南理工大学、华南师范大学、广州大学、韩山师范学院、佛山科学技术学院、韶关学院、嘉应学院以及暨南大学的有关领导和专家学者也给予了大力支持和帮助，在此我们一并致以诚挚的谢意！

《岭南文化书系》编委会

2011年6月18日

目　录

引　言

在人流如织的北京路步行街，有一处千年古道遗址，每天都会有许多游人伫立在那里，隔着透明的钢化玻璃凝神观看，并不时发出惊叹的声音。考古工作者通过发掘，剥离出一条长20多米、宽3米许、深入地下约2米的立体解剖图，使层层相叠的南汉、唐、宋、明、清五个朝代的街道路面清晰地展示在世人面前，一千多年的沧桑变幻，就以这样一种特殊的方式凝固起来。每一层街道都蕴涵着一段数百年的、像如今的北京路一样热闹繁华的历史。初到广州，第一次站在这古道遗址前，望着脚下一块块质朴无华的街砖，看着身边熙熙攘攘的人群和迷离的七彩灯火，我不禁产生了时空穿梭的奇妙感觉，仿佛置身于瞬息万变的时空隧道，周遭一时唐人、一时宋人，买卖喧闹，通宵达旦……

北京路步行街上的千年古道遗址

（图片来源　http://pic.sogou.com）

广州自古以来就是岭南地区政治、经济和文化的中心。由于其独特而优越的地理位置和自然环境，她在中外经济、文化交往的历史上发挥着极为重要的作用。特别是随着中外商贸往来的日益频繁，她不仅成为岭南乃至整个中国最为重要的商贸城市和外贸通商口岸，而且日渐发展成一座极具影响力的国际贸易中心城市。而广州城市的历史演化过程又伴随着广府民系、广府文化的形成和发展。也就是说，广州成长为现代化的国际商贸名城，不仅与其得天独厚的自然条件有关，同样得益于广府人民千百年来辛勤的劳动创造和努力奋斗。由于广府人开放、包容的文化特性，广州在成长为国际性商业都市的同时，实现了传统与现代的和谐融通。今天的广州处处体现着现代感与历史感的交汇融合：婀娜俏皮的"小蛮腰"和珠光宝气的西塔等时尚建筑，加上车水马龙的天河街区和让人迷幻沉醉的珠江夜景，一同营造出浪漫、活力充沛的现代都市气息；同时，古色古香的陈家祠和古典欧式风格的沙面建筑群，以及朴实厚重的趟栊门和富于传统风情的荔枝湾，又赋予她回味无穷的历史韵味。

优越的自然环境，独特的地理位置，开放的广府文化，现代观念和历史传承的完美结合，使广州形成了别具岭南地方特色的商业文化精神、悠久的国际国内贸易历史、繁荣的商品经济和发达的国内外贸易市场。更重要的是，为实现将广州建设成国家中心城市的目标，当代广府人正围绕着广州所独具的"千年商都"和岭南文化中心的特色，努力打造广州的国际贸易中心和世界文化名城地位，这使得广府商都在新世纪里更加熠熠生辉、生机勃勃。

小蛮腰、西塔和花城大道的不夜美景

（图片来源 http://pic.sogou.com）

一、五羊献瑞

——唐五代以前的岭南都会

> 可能世界上没有一个地点在近距离和远距离的形势上比广州更优越。
>
> ——［法］布罗代尔

东晋时顾微的《广州记》中就有“五羊衔谷，萃于楚庭”这样一个神话的描述，说明古人早已把广州视为富庶繁华之地。在北京路附近的考古遗址，除了引言部分提到的千年古道外，还密布着秦代番禺城、西汉南越国宫署、唐代清海军楼（后改名为“拱北楼”）以及明清历代的历史遗迹。可以看出，广州自秦汉建城以后，城址从未迁徙，连城市的中心区也没有移动变化。在世界各地的历史名城中，这种情况并不多见，与广州城所处的独特地理位置有着密切关系。

（一）背山面海，珠水贯通：广州商贸发展的自然地理条件

在广东、广西、江西、湖南四省的交界处，横亘着一条东西走向、长约 1 100 公里、平均海拔约 1 000 米的南岭山脉，其中大庾岭、骑田岭和越城岭等五座山岭最为重要，也是南北交通的孔道，所以自古南岭也被称为“五岭”。五岭以南的广大范围，包括今天的广东、广西、海南和香港、澳门等省区，总面积约为 45 万多平方公里，是所谓“岭南”。岭南地区南部面海，自东北向西南蜿蜒曲折，有一条长达 4 900 公里的大陆海岸线，除海南岛外，还拥有点缀在南海上的约 3 800 个大小岛屿，以及约 200 万平方公里的海洋国土。

从区位上看，岭南位于中国的东南部，也是东亚大陆的东南部，包括大陆及海南岛在内，大约处于东经105°～117°、北纬18°～25°，最南端的海岛曾母暗沙南至北纬4°。这一地区的基本地势是西北高、东南低，由内陆向沿海倾斜，内陆地区主要是山地和丘陵，约占总面积的2/3，中部及沿海地带零散地分布着一些冲积平原和三角洲，接近总面积的1/3，在南部沿海和各江河的中下游谷地还有一些台地和平原，沿海一带有许多优良港口。岭南的山地、丘陵主要覆盖着酸性的红壤，生长着茂密的热带、亚热带植物。冲积平原和三角洲则土壤肥沃，适宜种植各种农作物。北回归线横穿岭南而过，这里属于东亚季风区，为热带、亚热带气候，日照时间长，降水充沛，动植物资源十分丰富。由于南岭阻挡了冬季冷空气的南下，广州一带更是繁花似锦、四季如春。南海之上鱼类资源丰富，还盛产珠贝、珊瑚等海洋物产，在古代又以出产海外奇珍而负有盛名。

岭南大地因为有珠江的贯通而充满生机。在岭南，自东至西有东江、北江和西江三条大江呈扇形穿流而过，并且不约而同地在广州附近汇流入海，形成珠江水系。除了韩江等一些小水系的流域外，珠江干流区域几乎覆盖了整个岭南地区。大大小小的珠江支流，如同人的经脉一般延伸到各地，使得岭南成为一片血脉相连、生机勃勃的大地。同时，经过珠江数千年来的冲刷沉淀，在其入海口处堆积成一个面积约为1.2万平方公里的珠江三角洲，广州就在珠江三角洲的西北尖端，正是背山面海、海陆交汇之处。

由于南岭山高林密，而且山体大多是坚硬的花岗岩，山道难以开凿，群山里怪石嶙峋，行走十分艰险。古代交通工具不发达，南岭就成为南北人员往来、经济文化交流的一个极大障碍。当然，在另一方面，南岭的阻挡也使岭南地区较少受到中原地区频繁战乱的侵扰，这些又有利于岭南相对独立的发展。历代的统治者为便于统治，也经常将岭南地区放在一个统一的行政区内来进行治理，更使得岭南地区的社会经济、文化发展相对而言自成格局，地方特色十分鲜明。而广州则通常被选作岭南地区的行政中心，地位益发重要。

秦代的任嚣修筑“番禺城”，即现在的广州城时，曾称：“番禺负山险，阻南海，东西数千里，颇有中国人相辅，此亦一州之主也，可以立国。”意思是说，“番禺”是控制整个岭南地区的形胜要地，不仅可作为地区性的首府，甚至可以据以立国。任嚣的眼光是十分准确犀利的，广州建城的条件十分优越，除了富饶的珠江三角洲为广州的发展提供了坚实的经济基础外，更因为珠江贯穿岭南，沟通全境，岭南各地的人员、物资都可以顺珠江而下，汇集于广州，而外来人员、物品也能够经广州溯江而上。尤其是珠江下游河网密布，为古人交通往来提供了非常大的便利。奔流的珠江使广州成为岭南地区辐辏总束之地。广州近海的天然良港又成就了她发达的海上交通，使她成为岭南地区对外交流的门户。在唐代以前，外舶可以直达广州城，此后珠江内航道虽有所收束，但黄埔等广州外港开始发挥作用，至今仍能通过狮子洋航道使万吨巨轮抵达南沙港。古人自广州航海北上，除至中国沿海各地外，还能通达日本、朝鲜和琉球（今日本冲绳一带）等东亚各国，而通过南海向南和向西航行，则可以抵达东南亚、南亚和西亚等世界各地。新航路开辟后，广州更是自然而然地发展为中国与欧美各地往来的最重要的港口。

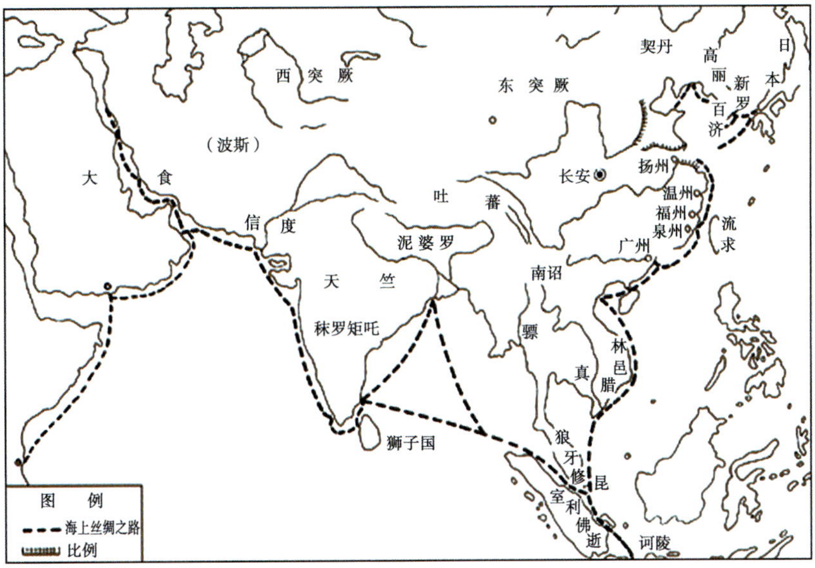

唐代广州外贸航线

（图片来源 http://pic. sogou. com）

两千多年来，广州始终是一座商贾辐辏、贸易兴盛的国际商贸名城，这与上述地理位置和自然环境条件有着密不可分的关系。考察广州的历史，首先必须将她置于岭南腹地、珠江锁钥和浩渺大海这样一个广大的空间里，突出她在这个广大区域的核心位置。毫不夸张地说，广州就是汲取了岭南大地以及珠江、南海之精华和灵气的一颗宝珠。

（二）南粤先民和广府民系：广州商贸发展的历史人文条件

人类文明的起源地往往是大江、大河，如尼罗河哺育了古埃及文明，两河流域则孕育了古巴比伦文明，珠江流域同样也不例外。在岭南各地，发现了许多古代人类活动的遗址。

在广东省曲江县马坝镇，有一个形状如同跳跃舞动着的狮子的巨大岩石，叫做“狮子岩”，岩石内有巨大的洞穴，考古工作者在这里发现了距今大约13万年的古人类头盖骨化石及人类活动遗迹，并将其称为“马坝人”。这是迄今发现的岭南地区最早的古代居民。到了新石器时期，古人类遗址就更加密集，仅仅是珠江三角洲一带，就发现有距今四五千年的西樵山遗址、佛山河宕的贝丘遗址、广州飞鹅岭遗址等。这些古代先民使用磨制的石器及陶器从事渔猎或种植水稻等农耕生产，以及原始的纺织业，不断地繁衍生息。

曲江县狮子岩马坝人遗址

（图片来源 http://pic.sogou.com）

春秋战国时期，生活在岭南大地上的古代先民后裔被史书称为“南越”，有时又称“南粤”，今天广东省的简称“粤”就来源于此。人类学家通过测量对比发现，南越人与中原地区的华夏族即汉族的前身相比较，虽然同属黄色人种，但体质特征有许多不同之处，比如身材较矮小、皮肤较黑、鼻梁较低而颧骨更加突出等。南越人的文明发展程度也稍低于华夏族，这个时期中原各地已进入奴隶制社会，而南越人还处在原始社会末期。秦始皇统一岭南，史称“南征百越”，说明南越各族还没有形成国家，应当还处于部落联盟的阶段。南越人也没有自己的文字。需要说明的是，一直到宋代以前，岭南地区的社会经济、文化的发展水平都落后于中原其他地区，所以常被中原人视为“蛮夷瘴疠”之地，往往作为贬谪官员、发配犯人的目的地。

南越人的文化习俗与中原文明也有显著的不同，比如《淮南子》提到：“九嶷之南，陆事寡而水事众，于是民人被发文身，以像鳞虫……短袂攘卷，以便刺舟。”这里的“九嶷”是指湖南的九嶷山，“九嶷之南”也就是岭南地区。从这一段话中可以看出，与中原人认为“身体发肤，受之父母”，因而对头发、身体特别重视保护不同，南越人有时会剪去头发，也就是“断发”，同时也不像中原华夏族那样在成年后将头发束成一束，而是任由其披散下来。南越人还会文身，史书中提到的“雕题”就是指额头上有文身的南越人。南越人喜欢在头、脸和身体的各部位文上蛇、虫等本族的图腾，说明他们并不像中原人那样崇拜龙。此外，中原华夏人将鼎视为权力地位的象征，而南越人则以铜鼓为尊。南越人所使用的青铜器、陶器上的花纹图案与中原地区也有着显著的风格差异。总之，南越人创造的文明虽然在某些方面表现出中原文明的影响，特别是长江流域的楚文化的影响，比如，青铜器的模仿制造等，但她却是由珠江孕育出的、与中原华夏文明迥然不同的另一种文明。

越人铜鼓

（图片来源　http://bbs.yayuandao.com）

从公元前219年秦始皇派军队进攻南越、征服岭南开始，岭南地区进入了以华夏人为主导、有文字（汉字）记载的社会历史发展时期。进入岭南的华夏人也就是今天的汉族人，现在分为三个民系，其中福佬民系（潮汕人）和客家民系形成时间较晚，在岭南的分布范围较小，人口也相对较少，占据主体的是广府民系。

广府人最早的祖先就是秦始皇派遣进攻南越的50万秦军。平服南越后，这50万大军留守镇戍，就在岭南定居下来。此后秦始皇还不断“谪戍移民”，即将罪犯流放到岭南。任嚣之后的秦军统帅赵佗曾“使

人上书，求女无夫家者三万人，以为士卒衣补，秦皇帝可其万五千人”，也就是说，秦始皇一次就同意遣送 15 000 名中原妇女给岭南的秦军做配偶。当然，这些中原汉人不可避免地还会与当地南越人有婚姻往来，沟通融合。此后历代，除了流放犯人这一类的移民外，在西晋末年至东晋南北朝、北宋末年、南宋末年和清代初年这几个时期，因为中原地区发生了大规模的战乱，也出现了大批中原人集中迁避岭南的现象。广府民系就是以这些由中原迁徙而来的汉族人为主体，吸纳了部分被同化的南越人而共同组成的。其中北宋末年通过南雄县珠玑巷进入岭南的先民，往往被后人尊为共同的先祖，说明此时广府民系开始发展成形。今天的岭南当然是汉族人占人口总量的绝大多数，但也有不少的少数民族，其中生活在广东、广西、海南等省（自治区）的黎、壮、侗、瑶等少数民族，就是南越人的后裔。

粤语也伴随着广府民系的形成而产生和发展，“广府人”的概念，就是以操粤语方言来加以界定的。粤语又被称作“广东话”、“白话”，因为发音与北方的官话（普通话）迥异，北方人往往很难听懂。特别是粤语中“士多啤梨”、“车厘子”这样的词语，听众需要知道英语单词“strawberry”、“cherry”的发音和意思，才能明白那是指草莓和樱桃。但是与北方的现代汉语比较起来，粤语其实更加接近古代汉语。粤语同样发端于秦征服岭南时。秦统一全国后，实施“车同轨，书同文”的政策，来自中原华夏族的“雅言”成为岭南的“官方语言”。汉武帝灭南越国后，更是在岭南地区大力推广普及“雅言”，使这种先秦时期的古代汉语在岭南扎下根来，并逐渐演化成今天的粤语。相较于中原地区两千多年来的民族杂居融合，岭南较少受到北方游牧民族的侵扰，所以古汉语的语法、词汇和发音特征，在粤语中更多地保留了下来。当然，粤语中也融入了不少古代南越语言的元素。

广府人最早定居的地点，主要是在珠江三角洲以及珠江上游沿河的台地和河谷地带。从任嚣征服南越人后选择在广州修筑“番禺城”这件事可以看出，南越人也将这里作为重要的活动地区。驻戍岭南的秦军，除了分守南岭一带的控制南北交通的横浦关、阳山关等军事要地外，主要就是在广州附近驻扎下来。而后来的南迁移民，除了选择珠江三角洲和上游的冲积平原这样一些适宜农耕的地区居住外，也开始慢慢向丘陵、山地拓展。广府人就是由珠三角溯珠江而上，逐渐扩散到除潮汕、河源等少数地区外的广东各市县，以及广西的梧州、钦州和南宁等许多地方。至今广州附近的南海、番禺、顺德、中山还被习惯性地称为“上四府”，稍远的台山、开平、恩平和新会被称为“下四府”，说明广府人虽散布岭南各地，但珠三角仍然是最为集中的地区。“广府商都”之称，正反映了广州在广府地区以及在广府人心目中的重要地位。

（三）秦王征服与南越偏安：广州商贸发展的社会历史背景

秦始皇征服岭南后，岭南地区除了在两个比较短的时期，即秦末汉初和五代十国时，分别建立过南越国（前204—前111年）和南汉国（917—971年）两个独立政权外，其他绝大多数时候都是被划分为一个或两三个名为“郡”、“州”、“道”、“路”的区域，即相当于现在省级的地方行政单位，隶属于中原地区的中央封建政权。

陆贾说服赵佗归汉像

（图片来源 http://pic.sogou.com）

南越国是由驻守岭南的秦军统帅赵佗建立的。赵佗继任嚣担任南海郡尉后，在公元前204年乘秦灭亡之机，派兵扼守住南岭上的几个要塞关卡，又攻占了桂林和象郡，以岭南之地建立南越国，定都番禺，自称为南越武王。西汉初年，汉高祖刘邦派陆贾出使南越，赵佗接受了刘邦授予的“南越王”称号，向汉室称臣纳贡，历史上称为“赵佗归汉”。但南越国与其他诸侯王国并不相同，仍保持相对独立的地位。因与汉室关系恶化，赵佗甚至一度自称为“南越武帝”，与汉室抗衡。到汉武帝时，南越国发生内乱，汉武帝乘机派兵进攻，在公元前111年消灭南越国。

南汉国是由五代时的地方军阀刘岩建立的。唐朝覆灭后，中国进入“五代十国”的分裂割据状态，僻处岭南的南汉国就是“十国”之一。刘岩及其父亲刘隐都曾担任后梁的清海军节度使，这是一个相当于岭南地区军区总司令的职务，父子二人凭借武力控制了岭南。917年，刘岩改广州为兴王府，建立政权，史称“南汉”。南汉国的疆域范围主要包括今广东、广西、海南以及云南东部和贵州南部，势力最强盛时还曾控制了湖南南部一些地方。南汉建国后，与周边各国结盟，实行保境安民的政策，国力强大，社会经济繁荣。但南汉最后几个皇帝暴戾荒淫，统治时间都很短，最终在971年被北宋所灭。

除了这两个独立政权外，岭南地区在其他时候都隶属于中央王朝。秦始皇实现统一后，在全国推行郡县制，在岭南范围内设置了南海、桂林和象郡三个郡，其中南海郡的地理范围大致相当于今天的广东省，桂林郡管辖广西的中、北部地区，而象郡则包括了贵州、云南和广西等省（自治区）交界部分及越南北部一些地方。此后历代统治者治理岭南，都大体沿用这样的行政和地理区划。比如汉武帝灭南越国后，两汉在岭南设置了南海、苍梧等九郡，又在九郡之上设交趾刺史一部进行统管。三国时的吴国（222—280年）的州相当于秦汉时的郡，东吴设置了广州，这是“广州”这个名称第一次被使用。当时广州的管辖范围包括广东境内的南海、苍梧等四个郡。南朝以后至隋唐时期，岭南人口急剧增长，州县的数量也大大增加，唐代设置岭南道对这些州县加以统摄。到了宋代，设广南东路、广南西路管辖岭南各州县，广东、广西的分野基本确定下来。明、清两朝都设广东、广西行省，并设两广总督统辖两省。两个省的辖境，除了当时的广东省还包括现在的海南省外，其他地域范围与今天基本相同。

秦代修筑的沟通湘江和漓江的灵渠

（图片来源　http://pic.sogou.com）

历代统治者将岭南地区纳入版图后，无不重视加强对这里的管控和治理，其手段除了建立服从中央的地方政府等国家机器，以及推行汉化、移民开发外，还特别重视对沟通岭南和中原地区的交通道路的建设。公元前214年，秦始皇为利于给南征的秦军运输粮食，派史禄在海阳山（今广西兴安县境内）开凿了灵渠。灵渠长约30公里，将湘水和漓水连通起来，也就是实现了长江水系和珠江水系的连通。漓水是西江上游，北方物资通过湘江，再过灵渠，后经漓水顺西江而下，就能便利地运输到珠江三角洲各地。灵渠为秦军征服岭南提供了便利，直到唐代以前，一直都是岭南与中原地区人员物资往来和经济文化交流的重要通道。秦始皇在统一岭南后，又在南岭一带修筑四条陆路，这几条南北通道被称为“新道”。其中一条新道从江西省南安县越过大庾岭，抵达广东省南雄县，是南北交通的咽喉要道。到了唐代开元四年（716），曲江（今韶关市）人张九龄对这条古道重新加以修筑，在崇山峻岭中开凿出一条约15公里长、10多米宽的通畅坦途，被后人称为“梅岭古道”，成为后来历代移民南迁、商旅往来的重要通道。古道上有后人修建的“张公祠”，清代诗人杭世骏还曾赋诗道：“荒祠一拜张臣相，疏凿真能迈禹功。”以此来赞颂张九龄的功绩。直到新中国成立以后现代化交通运输业快速发展，梅岭古道作为南北通道的作用才渐渐消失，现在已经变身成为南雄县的一个重要旅游景点了。而自西晋末年开始，随着造船和航海技术的发展，从江浙到广东的沿海航线日益繁忙，许多中原人“浮海而至”，海上交通的重要性也开始凸显出来。

梅岭古道上的梅关

（图片来源 http://pic.sogou.com）

历代统治者开发岭南，无不以广州为政治、经济中心来进行统辖和治理。秦统一后，任嚣所修筑的番禺城成为南海郡的治所，这座城被后人称作“任嚣城”。赵佗建立南越国后，又以“任嚣城”为基础进行扩建，成为周围十里的大城，作为南越国的都城，当时仍称“番禺城”。南汉国建立后，同样以广州为都城，称为“兴王府”。

西汉灭南越国时，汉军纵火焚毁了番禺城，在此后两汉三百多年间，统辖岭南地区的交趾（东汉时改为交州）刺史部治所被放置在珠江中游的苍梧郡郡治广信（今广西梧州与广东封开一带），广信成为岭南地区的行政和经济、文化的发展中心。广州在这段时间是南海郡郡治，同时亦是重要的对外贸易口岸。

226 年，东吴设置广州管辖岭南四郡，以番禺作为治所，使广州作为岭南首府的地位真正确立下来。后来，西晋政权在广州设置平越中郎将，“主护南越”。唐代在岭南设道，以节度使或采方处置使管制下属各州县，都以广州作为驻节之地。宋元以后，这样的格局都没再发生变化。也就是说，在历史时期，除了两汉三百多年时间外，其他历朝历代，广州或是被两个地方独立政权立为都城，或是被中央政府叫做广东地方省一级行政单位的首府，并作为岭南地区的行政中心，在岭南的政治、经济和文化发展中始终占据着主导地位。

（四）荔枝飘红和南华禅音：唐五代前广州商贸繁荣的经济、文化基础

在唐代以前，岭南的经济、文化的发展水平都比不上中原地区，存在着一个向中原地区学习和逐步赶上的过程。在这个过程中，来自中原的移民对先进文化、生产技术的不断传播发挥了重要的作用，广府文化也因此具有传统农耕文化的一些基本特点，所尊崇的核心价值观念以儒家文化为基础。同时，由于岭南是一个汉族人与南越后裔各民族共同生活、杂居融合的地方，又是一个通过海洋与外来文化接触交流、吸纳碰撞的地方，因此广府地区的经济、文化也有着鲜明的海洋性文化的特征，具有重视商业发展、勇于进取开拓的地域文化精神。

1. 唐五代前岭南地区的社会经济

在秦征服岭南之初，南越人的社会生产水平明显低于中原地区。比如中原在战国时期就已普遍使用铁制武器、生产工具和生活用品，而南越人尚处于青铜器时代。另外，南越人虽然也从事水稻种植等农业生产，但种植技术不发达，渔猎等生产活动仍在经济生活中占据重要地位。随着秦军南征，铁器和北方发达的农耕技术才在岭南得到广泛传播。特别是南越国时期，通过贸易等各种方式，各类铁制用品在生产、生活的方方面面都得到普遍使用，南越国还出现了冶铁、造船、

纺织、漆器制造、玉器加工等各种手工业行业，制造了许多精美的手工制品。

中原地区先进农业技术的传播，对岭南社会生产的发展起到了巨大的推动作用。汉代时，北方的牛耕技术传播到岭南，并逐渐普及。在东汉时期，因为岭南地区优越的气候条件，广州一带还出现了一年两熟的耕作制度，粮食产量大增。到了西晋末的永嘉年间，岭南已经成为北方人逃避战乱的世外桃源。在一块出土于广州近郊的晋代墓砖上，刻有这样的铭文："永嘉世，天下荒，余广州，皆平康。"晋人在慨叹中原大地因战争而田野荒芜的时候，又庆幸广州给他们提供了富饶安康的生活。到了唐代，珠江三角洲许多地方兴修了水利工程，通过修筑圩堤，围起大片原先容易被海水侵灌的土地，在雨季时蓄积淡水冲刷，将盐碱性的沙地改造为良田，称为"潮田"，使得到开垦的耕地数量大大增加。因为人口增长，山地、丘陵地带也逐渐得到开发。同时，广府人还发明了在水上打桩搭架，铺设木板或竹条，并用泥土和水生植物封住木板或竹条的底部，在上面种植蔬菜的生产手段。这些竹木架浮在水面上，被称为"葑田"或"浮田"。随着来自北方的精耕细作种植技术的推广，岭南地区的水稻亩产量已经接近中原、江南等地区的水平。唐朝中央政府开始在岭南推行与北方一致的均田制和租庸调制等土地、赋税制度，说明这里的农业生产、社会经济发展水平已经与北方相差不远。

水上浮田

（图片来源　http://pic.sogou.com）

因为气候、土壤条件都非常适宜，桑蚕养殖的技术传播到珠江三角洲地区后很快立足生根。在南北朝时期，广州一带的桑蚕养殖业就非常兴盛，丝织业也相应地繁荣起来，此后丝织业一直是珠三角重要的社会生产行业。位列四大名绣之一的广绣，正是在这个基础上得到发展的。唐朝苏鹗的《杜阳杂编》曾记载："唐永贞元年，南海贡奇

女卢眉娘，年十四，工巧无比，能于一尺绢上绣《法华经》七卷，字之大小，不逾粟粒，而点划分明，细如毫发。”反映出这时的广绣技术已经达到非常高的水平。广府人还就地取材，使用麻、葛、蕉、竹等原料，生产麻布、葛布、蕉布、竹布等。其中最重要的是当时岭南地区生长的一种木棉，又称“吉贝”，其洁白的花絮同样被广府人用来织布。在南朝的刘宋时期，以木棉纺织的“筒细布”还曾作为贡品进贡给皇帝，唐代时更是出现了“白氎家家织”的情景。

岭南有许多特有的作物，常引起北方人的惊喜和咏叹。唐代诗人杜牧脍炙人口的《过华清宫》称：“长安回望秀成堆，山顶千门次第开。一骑红尘妃子笑，无人知是荔枝来。”描写了唐玄宗为博宠妃杨玉环的欢心，不惜人力将岭南佳果荔枝快马运至相隔数千里之远的西安的情形。除了荔枝，自汉代以来，如龙眼、甘蔗、香蕉、橄榄、槟榔等热带果蔬，在岭南都已得到普遍种植。又如古人制作驱暑纳凉的葵扇，原材料就是岭南特产的蒲葵叶片。茉莉花芳香浓郁，其实来自波斯，本名为“耶悉茗花”，西晋时在岭南就有引种。指甲花又名“凤仙”，同样原产域外，最初在岭南引入种植，到唐代时已开遍全国。张祜的诗句“十指纤纤玉笋红”就描写了少女以花瓣染红指甲的时尚风气。除了来自域外的奇葩，岭南本土同样盛产奇花异草，孟郊曾作诗赞叹：“海花蛮草连冬有，行处无家不满园。”岭南人爱花种花，在唐代就已家家户户门庭院落都姹紫嫣红。

茶叶也是岭南重要的经济作物。茶叶在唐代由中原引入种植，此后因为气候、土壤条件适宜，茶叶生产在岭南发展非常迅速，成为社会经济中的一个重要产业。从汉代开始，皇室、贵族流行将花椒等香料和泥土搅拌，粉刷建筑物的内壁，供女性居住，西汉的未央宫里就有“椒房殿”。后人就用“椒房”代称女性闺室，创作了诸如“椒房金屋宠新流”、“椒房深肃肃，兰路霭霏霏”一类的绮丽诗句。而花椒、沉香等香料正是岭南的特产。南北朝时期，珠三角一带还出现了专门从事香料生产的“香户”。此外，到唐五代时期，岭南地区的沿海捕鱼、淡水鱼养殖等行业也都得到较大发展。

在手工业生产方面，岭南人最擅长的是造船。根据考古发现，铸造于先秦时期的南越人铜鼓上就有船形图案，说明南越人较早就掌握了造船技术。到了两晋，广东一带已经能够建造高、宽各数米，长20

多米的大船。唐代的海船更是可以乘载600多人，足以乘风破浪、泛海远航。所以到了魏晋南北朝以后，北人南迁，有许多都是从江浙乘船沿海而下。岭南滨海，古人早已学会煮制海盐。自西汉起，历代都在广东设有海盐制作、销售的行政管理机构，岭南生产的食盐一直畅销内地。由于广东许多地方拥有瓷土资源，陶瓷烧制技术传入后，广东一带的陶瓷生产突飞猛进，到唐代，广东生产的青瓷已经与江浙不相上下，此后更成为社会经济中的一项重要产业。岭南地区丰富的金、银、铅等矿产资源，也随着金属冶炼技术的传入而得到开发。南汉皇帝刘岩修建的昭阳殿使用了大量金、银、铜材料进行装饰。广州市博物馆现藏有一个南汉时期制作的铁花盆，为生铁铸造，造型精美，工艺复杂。而现存于光孝寺的一座千佛塔，铸造于南汉末年，高一丈两尺，上有900多个佛龛，各龛内都有一个小佛像，栩栩如生。整座塔结构精巧，技术高超，反映了岭南地区精湛的金属铸造工艺。

光孝寺千佛塔

（图片来源　http://pic.sogou.com）

2. 唐五代前的广府文化

唐五代以前岭南地区文化的发展主要表现为汉化和接受儒家文化程度的加深，与此同时，广府文化中一些与岭南地区民族构成和社会经济发展相适应的、显著的地域文化特征也开始表现出来。

唐代以前，岭南属于文化落后地区，中原先进的汉文化对其有很强的向心力。中央政权征服岭南后，通常都会不遗余力地推行中原文化。而南越、南汉虽然独立，但也都是由中原汉人建立的政权，所以非常主动地接受中原文明。自秦代以后，岭南各族的文化都有汉化的倾向，也就是一种“趋同”的趋势。无论婚丧嫁娶、服饰饮食等社会习俗，或是鬼神崇拜、民间信仰等，广府文化固然有鲜明的地域特征，但与北方汉人的风俗相比较，无不可以追根溯源，从中找到脱胎而来的痕迹。

不仅是广府人接受和传承了中原汉族的文化传统，南越后裔各族在一定程度上保持本民族特色的同时，也在许多方面吸收了汉文化的要素。比如岭南地区的壮、瑶等少数民族在创造本民族的文字时，主要采用的就是以汉字标音的方法，并且有不少词汇直接借用汉语、汉字，在社会习俗、经济生活等各方面，同样深受汉族影响。活跃于南北朝末年和隋朝初年的冼夫人，是南越后裔接受汉化和汉中央政权管辖的代表人物。冼夫人名叫冼英，是俚人（“俚人”是南朝时汉人对南越后裔各族的称呼）首领的女儿，在广东、海南的俚人各部中都颇有威信。南朝萧梁时，冼英嫁给了高凉（今广东阳江）太守冯宝，曾支持丈夫帮助萧梁平息侯景之乱。陈朝时，冯宝去世，冼夫人统领部属和族人，协助陈军镇压了广州刺史欧阳纥的叛乱。隋统一中国时，冼夫人又率众归顺隋朝，帮助隋政权维护岭南地区的稳定，被封为“谯国夫人”，死后又被封为“诚敬夫人”。如今，广东、海南及东南亚各地，到处都建有“冼夫人庙”，纪念她推动国家统一和民族融合的历史功绩。到了唐五代时，一些汉化程度很深的少数民族成员与汉族已经差别甚微。

冼太庙

（图片来源 http://pic.sogou.com）

岭南地区汉化的过程，还是一个接受以儒家思想为核心价值观念的过程。西汉初期，统治者以“黄老之术”治理国家，但儒家思想已渐渐占据主导地位。汉武帝采纳董仲舒的建议——“罢黜百家，独尊儒术”，儒家思想成为中国此后两千多年的统治思想。历代封建统治者在官学、私塾的教育中，在明确选拔官员或人才的标准或进行风俗教化的宣扬时，都是以儒家的宗法礼制、忠孝仁爱为指导思想，使儒家思想所倡导的伦理道德和价值观念逐渐被社会大众普遍接受。岭南地区在汉武帝灭南越国后，同样也融入这一进程中。

秦统治的时间虽然短暂，但推行的“车同轨，书同文”，也就是在全国范围内统一语言、文字、度量衡等政策，影响深远，为大一统国家成为中国历史的主流奠定了重要的基础。南越国时期，其不仅政治制度完全因袭了秦制，在文化上同样向中原学习。比如在南越王墓中发掘出的第二代国王赵眛的金印，使用的就是秦统一后推行的篆文，其他竹简、木牍、陶器上的印文也多是篆文，南越王模仿中原地区先秦时的礼乐制度，同样以编钟、编磬作为王室礼乐。在社会生产方面，引进铁制农具、推广农业耕作技术等，同样是接受和推广了汉族的农耕文化。

两汉时期，经学得到较快发展的地区是当时作为岭南地区政治中心的广信。到了西汉末年，岭南经学已经具有较高水平，广信人陈钦精研《左传》，在海内声名日盛，曾受邀给王莽讲学。东汉末年时，广州经学也大放异彩，如番禺人董正居乡讲学，一些中原学者甚至慕名前来求教。此外如番禺人杨孚，学高品正，在东汉章帝、和帝时官至议郎，是岭南地区最早出任中央高官的人物。他撰写的《异物志》，介绍了石榴、龙眼等许多在当时的中原人眼里看来十分新鲜奇异的事物，是关于岭南的第一部风物志。传说杨孚辞官归家时，从河南洛阳带回松柏栽在位于现海珠区漱珠岗的屋前，冬季竟然大雪盈树。海珠区俗称为“河南”，即是因为这些松柏来自河南，后人以此代称杨孚故居。

到了唐代，岭南地区儒学已可比肩中原，一个重要的标志是张九龄在唐玄宗时通过科举考试，得官中书侍郎、同中书门下平章事，也就是担任了唐朝的宰相。张九龄居官秉公守正，直言敢谏，最后也是因言罢官。据说他举止优雅、风度翩翩，唐玄宗在别人举荐人才时，常常要问：“风度得如九龄否？”他还有很高的文学修养，其《望月怀远》一诗中，有“海上生明月，天涯共此时”的千古名句。张九龄的诗代表了唐代岭南文学的最高水平，后人对他景仰崇拜，称他为“岭南第一人”。

岭南地区的宗教文化发展较早。如中国本土宗教道教，在东汉末年开始形成，西晋时在岭南就已广泛传播。东晋时，南海郡守鲍靓笃信道教，在广州越秀山麓创建了道场“越岗院”（今三元宫前身）。鲍靓的学生兼女婿葛洪是道教发展史上一个十分重要的人物。葛洪号抱朴子，江南士族子弟，西晋时曾因军功被封为“关内侯”，但为避“八王之乱”，南下广州，后来又在罗浮山隐居修炼。葛洪是道教内丹派重要理论家，所著《抱朴子》是道教重要经典。

佛教最早是在西汉哀帝时期，通过丝绸之路，经西域、中亚等地传入我国。东汉以后，中国和印度之间的海上交通日益通畅，许多天竺（中国古代称印度为“天竺”）名僧都泛海而来，先在广州登陆，或逗留传教，或翻译佛经，然后再行北上，使佛教在广州等岭南地区广泛传播。魏晋南北朝时期，佛教大盛，这种情况更为常见。如在三国时，就有昙摩耶舍、求那跋陀罗二僧在广州扩建制止寺（今光孝寺前身），许多东来高僧在此驻锡译经。西晋太康二年（281），天竺和尚迦摩罗来到广州，又修建了三皈、仁王两座寺庙。禅宗始祖达摩到中国，也是在广州登陆。当时上下九一带还是珠江河岸，后人就在这里，也就是达摩登岸的地方立有“西来古岸”石碑，并修建“西来庵”（今华林寺前身）作为纪念。唐代天宝七年（748），鉴真和尚东渡日本，因为航行途中遭遇风暴，漂流海南，后到广州大云寺讲经一年，返回扬州时，据称“倾城相送”，说明了佛教在广州的影响很大。

六祖惠能像

（图片来源 http://pic.sogou.com）

在唐代，新州（今广东省新兴县）人惠能被立为禅宗六祖，代表了岭南佛教发展的一个高峰。惠能年轻时远赴湖北黄梅，从五祖弘忍学法，后来以“菩提本无树，明镜亦非台。本来无一物，何处惹尘埃”的偈语，得弘忍传禅宗衣钵。惠能南归后，在广州法性寺讲法，此后在曹溪宝林寺（今韶关南华寺）弘扬禅宗，以“顿悟”主张开创禅宗的“南宗”，并在岭南地区产生了非常大的影响。

唐代时，有不少大食（唐代时称古阿拉伯帝国为“大食”）商人居住在广州城西郊的蕃坊，伊斯兰教也相应地传入岭南。现广州市光塔路上的怀圣寺是我国最早修建的清真寺，据称建于唐代。此外，景教（即基督教）、犹太教也因外商的到来而传入，但是这些宗教主要是在族内传播，影响并不大。

岭南文化的地方特色也在不断发展。南越国时期，南越王赵佗在竭力推行汉化的同时，也采取了“和辑百越”的政策，使汉族与南越族和睦相处，并利用南越势力维护统治。在这种情况下，中原汉文化与南越文化的相互交融不可避免，南越人的许多文化传统得到保留和继承。比如在南越王赵眜墓中，出土了不少越式铜鼎，其制作工艺显然来自中原，而装饰花纹和造型等又明显带有南越文化色彩。其他如音乐、服饰和社会习俗等各方面，南越人后裔各族都较多地保留了本民族的传统。

因为自然环境和社会经济发展条件的不同，广府人在亦步亦趋地学习、传承中原汉文化的同时，也开始逐渐形成广府文化的地域特色。比如岭南地区出土的陶制汉代随葬房屋模型，其中有很多干栏式、楼阁式建筑，与中原地区迥然不同，就是因为这两种建筑底部悬空，既凉爽干燥，又能防御毒虫野兽侵袭，适宜岭南地区多雨、多虫的自然条件。此外，岭南地区对外贸易活跃，广府人在接受中原农耕文化以及儒家思想基本价值观念的基础上并不排斥商业活动，相反，自南北朝时期开始，士家大族甚至地方官员无不大力推动外贸并且从中渔利，广府文化相应形成了独特的商业精神和开放、务实、变通的文化特性。

（五）波斯银盒与药洲御苑：唐五代前广州的商贸兴盛和都市繁华

秦汉以来，岭南地区就以商业发达见称，尤其是对外贸易经久不衰，而广州自始至终都是对外贸易的一个极为重要的口岸。司马迁在考察西汉的商业城市时，指出全国有 9 个重要城市，“番禺亦一都会也”。这一都会的形成，与岭南商品经济的发展及其在国内外贸易中的地位都有很大的关系。

1. 唐五代前广州的商贸活动

岭南是滨海之地，历代封建统治者都重视开发其“鱼盐之利”，而在秦汉时期，岭南地区与中原内地贸易活动的一项重要内容还在于输出珍珠、玳瑁等来自海上的奇珍异宝。如秦始皇征服岭南的原因，古人就认为是“利越之犀角、象齿、翡翠、珠玑”。自秦汉以来，岭南从中原地区输入的主要是青铜器、铁器等先进的生产工具，或者是牛、马等必要的牲畜；而岭南输向中原的则主要是皇室、贵族所追求的珍玩宝物等奢侈品。比如西汉时，赵佗有一次向汉文帝进贡，主要贡品就是白璧、犀角、翠鸟、孔雀等珠宝或珍禽异兽。东汉时，岭南合浦郡（今广西合浦县）盛产珍珠，所产珍珠又大又圆，色泽圆润，被称为“合浦珠”，王公贵族趋之若鹜。沿海居民不事农耕，以采珠为业，以至于所需要的粮食都要从相邻的交趾郡购买。西晋时贵族奢靡无度，出现了石崇与王恺竞夸豪奢斗富的奇闻，王恺屡斗屡败，最后求助于外甥晋武帝司马炎，借到了一株两尺多高的珊瑚，结果石崇用铁如意击碎，又拿出好几株三四尺高的珊瑚来夸耀。而这些珊瑚，只产自岭南的热带海洋地区。当然，如杨贵妃所喜好的荔枝等岭南异果，也是权贵富豪们热捧的目标。到了汉代以后，由于对外贸易日益兴盛，统治者开始重视对外贸易带来的巨大财富，作为对外贸易重要口岸的广州，其地位更加引人注目。

在第二代南越王赵眛的墓室中，考古专家发掘出了很多舶来品，说明在南越国时期广州的对外贸易就已非常发达。比如其中有一只扁球形的银盒，有成人拳头大小，重800多克，上面有对向交错的蒜头形花纹，锤制而成，其形制、纹饰和制作工艺都与中原地区不同，是西亚古波斯帝国（位于今伊朗）的产物。另有32枚金花泡，是赵眛内衣上的装饰品，根据

南越王墓出土的波斯银盒

（图片来源　http://pic.sogou.com）

其工艺特点，可以判断其来自两河流域（今伊拉克一带）。墓中出土的铜熏炉中有香料残粒，经鉴定产自红海地区，此外还有捆成一捆的5颗非洲象牙。当然，这并不能说明南越国与这些国家、地区都有直接的贸易来往，这些物品也有可能是沿印度洋、太平洋各国相互贸易，辗转接力而到广州的，但也说明了当时海外贸易的影响所及。

在广州发现的西汉后期墓葬中，有很多玛瑙、鸡血石、水晶、琥珀和玻璃等材质的串珠，还有蓝色的玻璃碗等，这些物品与中国传统制作工艺大不相同，考古工作者判断其来自大秦（即古罗马帝国）。实际上中国与大秦的陆路商品运输线——丝绸之路早已开通，而到了166年，大秦皇帝派出的使者由海路抵达中国，向东汉桓帝献上象牙、犀角等礼物，自此两国建立了直接的贸易关系，中国与远在地中海的古罗马帝国的海上航线也开通了。古罗马学者普林尼在《博物志》中记载道："罗马人远赴中国，以红海生产的珍珠与中国交换丝绸。每年由罗马流入印度、中国和阿拉伯半岛的货币，不下1亿赛斯透司（古罗马货币）。"

东汉时期，从岭南沿海出发，有通往世界各地的海上航路。如前往大秦的航路，自中南半岛沿海而下，过马六甲海峡向西进入印度洋，由印度洋进入阿拉伯海或红海，经陆路西行，进入地中海，最终抵达大秦。在这条航路上，中国不仅与大秦进行商品贸易，而且可以和沿途各国，如西亚的安息（位于伊朗的古帕提亚帝国）、南亚的天竺和已程不国（位于斯里兰卡的锡兰岛）、东南亚的都元国（位于马来半岛）、邑卢没国（位于缅甸）和谌离国（位于缅甸）等进行贸易。在这条航路上，中国的丝绸是最受青睐的珍贵商品，据说在大秦，最精美的丝绸与等重黄金等值，因此这一航路就被称为"海上丝绸之路"。当然如前文所提到的，两汉时岭南的政治、经济和文化中心都是广信，当时岭南外贸的重要口岸还有徐闻、合浦等处，广州直到东汉末年才重新成为岭南中心城市，在对外贸易中的地位才逐渐恢复。

魏晋南北朝以后，中国的造船和航海技术都得到很大的提高，海船已经可以离岸航行，也就是说不再需要紧贴着中南半岛东部海岸，而是穿过南海，避开南沙、西沙等岛礁，直线北上，广州港口的优越性也就更加明显了。同时，岭南地区的陶瓷烧制技术也大有进步，逐渐成为又一大宗出口商品。今天在东南亚、南亚的许多地方，都可以

发现不同时期由广东一带出口的瓷器。

隋唐时期，中国国力强盛，经济繁荣，科技发达，对外贸易的规模、范围都达到空前的水平。如隋朝曾派出常骏等人自广州出发，出使赤土国（位于马来西亚的吉达），一次就携带有5 000匹丝绸。唐代的海上丝绸之路更加繁盛，唐人贾耽撰写的《皇华四达记》中有一篇《广州通海夷道》，记载了从广州出发，前往东南亚、南亚、波斯湾沿岸、地中海沿岸以及东非等，共计100多个国家或地区的航行线路。出口商品中，丝绸、瓷器仍然是大宗商品，广东生产的丝绸出口输出到日本，被称为“广东锦”。进口商品则五花八门，广州城里云集了各国特产，比如香料有龙涎香、蜜香、乳香、豆蔻、迷迭香等，宝石有翡翠、玛瑙、琉璃（即玻璃）、金刚石、琥珀等，贵重木材有檀木、乌木、桐木等，此外如象牙、犀角、珊瑚、珍珠、大食刀、葡萄酒等，指不胜屈。而许多外来植物，如菠菜、水仙、莲花、葡萄、菩提树、郁金香、番石榴、芒果等，都是唐朝时在广州登陆，并逐渐传入中原内地的。

值得一提的是，唐代由广州顺着中国沿海北上，前往新罗（朝鲜半岛古国）、日本的航线也日益繁忙。中国商船将产自天竺的贝多手杖、地中海地区的玻璃器皿等，运送到日本出售，反映出广州已经发挥着国际贸易中转港的作用。

五代时期，南汉国因海外贸易而富甲一方。宋神宗曾指出，南汉正是因“笼海商得法”而实现“内足自富，外足抗中国”，意思是南汉国通过发展对外贸易，不仅实现了国家富强，而且积聚了与中原长期抗衡的实力。这反映出广州的外贸商业活动对国民经济，甚至对封建政权的稳定，都已产生了极为重要的影响。

在唐代以前，对外贸易活动都是由通商口岸的地方官员管理，外贸的利益及税收等往往被地方势力把持。南北朝时期，广州官员和地方豪强坐收渔利，而中央政府则难以分一杯羹。为改变这种局面，唐代设立了市舶使来管理外贸，这是中国最早设立的类似于今天的海关的机构。此后历代都模仿成例，设有市舶机构，如宋、元、明都有市舶司，清代有粤海关等。唐代的市舶使又称“结好使”，反映了唐人将外贸视为对外友好交往的一种关系。中国古代将外国人来华的贸易分成两种类型，一类是普通商人的贸易，另一类是“朝贡贸易”，即来华的外国“贡使”通常都带有各种物品，有些直接进行贸易，有些进贡给皇帝以换取赏赐，实际上也是一种贸易方式。市舶使负责管辖这两种贸易类型。唐代在安南（今越南河内）、广州等地设有市舶使，其中广州市舶使最为重要。此后历代，凡是设置市舶机构时，广州都是不可或缺的。贡使到广州后，由市舶使负责接待，除正、副使和少量随员由其安排进京陛见外，其余人员入住海阳馆，海阳馆即专门接待外宾的驿馆。其他商船到岸后，也是由市舶使负责检查、登记货物，并进行征税。市舶使有时由地方长官兼任，但一般都是由中央政府派出，唐开元（713—741）以后，甚至时有宦官充任市舶使。而自市舶机构设立后，外贸税收由中央掌控，对外贸易在国民经济和国家财政中的作用开始变得越来越重要了。

2. 唐五代前广州的城市记忆

关于广州的城市历史，最早从秦代任嚣所修筑的“番禺城”开始。番禺城又称“任嚣城”，是广州有可靠文字记载历史的开端。赵佗在“任嚣城”的基础上进行扩建，建成新的番禺城作为都城，后人称之为“赵佗城”，繁华一时。然而汉武帝灭南越国时，汉军一把大火，使关于广州城最早的城市记忆灰飞烟灭，只留下南越王宫署遗烬深埋地下。从考古发掘的南越国宫署的位置可以看出，“任嚣城”和“赵佗城”都应当是背靠越秀山、以中山四路一带为核心而修建的。据专家考证，其范围大约是东至今仓边路、西至今北京路、北至今越华路、南至今中山四路。

东汉末年，步骘担任交州刺史，在建安二十二年（217）将交州郡治迁到番禺，并重新修筑番禺城，其位置与此前基本相同，广州很快又重新繁荣起来。到了唐代，随着珠江成陆加剧，广州城的范围向南、向西扩展，原来的番禺城成了老城区。在老城区里，除了各级官衙的宫署外，还有平民住宅区，当时称为“坊”，又有商业区，当时称为“市”。在老城区南边的是新兴商业区，最南到现在的大南路一带，当时的大南路濒临珠江，接待外宾的海阳馆就在这里。老城区西边则建成蕃坊，以现在的光塔路为中心，自今解放路以西，最西到今人民路一带，据称当时有十多万外商云集于此。与设置市舶使一样，唐代划定蕃坊给来华外商居住，并由蕃长自行管理，这一做法也被此后历代所继承。当然，不止蕃坊里有外国人。自汉代起，岭南就出现了蓄养黑奴的情况，杨孚的《异物志》里就提到了“齿及目甚鲜白，面体异黑若漆”的“瓮人”。唐代黑奴被称为“昆仑奴”，张籍描述为“金环欲落曾穿耳，螺髻长卷不裹头”。自汉唐起，广州就是一座充满异国风情的城市。

南汉建国前，高祖刘岩的哥哥刘隐凿平了禺山，修筑了南至今文明路一带的“新南城”。南汉立国后，以广州为都城，改称兴王府。当时的兴王府仿照唐朝的长安城，修建了宫城、皇城和外廓城，以现在的北京路为中轴线，自北向南依次排列。仿照唐朝坊市分开的原则，外廓城里民居与商铺分列街道左右，称为“左街”、“右街”。在五代以前，广州城市面积扩张不大，局限在明清时期的旧城区范围内，其主要原因是北部受越秀山的限制，东部山冈较多，而西、南两面珠江河道纵横，还没有沉积成陆。

广州留下了不少魏晋至隋唐时期的文物古迹，成为历史留给这座城市的深刻记忆。比如东晋时鲍靓所修建的越岗院，是著名道观三元宫的前身。相传鲍靓的女儿鲍姑在此以道家医术广施救济，被人称为“鲍仙姑”。现在的三元宫内仍有“鲍姑殿”，并有一间挂有“虬隐山房”匾额的小屋，传为鲍姑得道升仙之所。三国时建成的佛教寺庙“制止寺”，在历史上数易其名，南宋时改名为“报恩光孝禅寺”，“光孝寺”的名称就一直沿用下来。俗语称“未有羊城，先有光孝”，说明了光孝寺的悠久历史和重要地位。位于六榕路的六榕寺，唐代时称“宝庄严寺”。唐高宗上元二年（675）宝庄严寺重修舍利塔（今六榕寺花塔前身），恰逢大诗人王勃路经广州，受邀撰写了《宝庄严寺舍利塔碑》，其中“市廛无扰，商旅倍道而相欢”、“学究儒林，真穷释部”等谀词，广州人至今甘之如饴。怀圣寺内的光塔，高36米，外部

怀圣寺与光塔

（图片来源　http://pic.sogou.com）

洁白光滑，所以称为“光塔”。自唐代开始，就有阿訇按时在光塔顶上高喊“呼唤词”，呼唤穆斯林前来礼拜祈祷。

南汉国给广州留下了许多风景名胜。比如现在越秀区教育路旁的药洲就是南汉时的皇家园林，洲中有名石九座，称“九曜石”，明代将“药洲春晓”列为羊城八景之一。西郊泮塘一带有“荔枝湾”之名，是南汉国君臣游园踏春、品尝佳果的好去处。荔枝红熟时，后主刘鋹就会在此设宴招待文人雅士，称为“红云宴”。此外，越秀山上还有两旁种满金菊、芙蓉的“呼鸾道”，华宁里一带有玉液池，都是南汉时风流雅会之处。

在广州市黄埔区的庙头村，有一座南海神庙，是古代海上丝绸之路和广州对外贸易发展的重要见证。据民间传说，南朝萧梁武帝时，某一年的二月十三日，一名外国船员在庙头村海滩上化为神鸡，成仙而去，村民埋葬了船员的肉身，建庙祭拜，并将两株菠萝树种在庙前，因此南海神庙又被称为“波罗庙”。附近村民每次出海前都要到庙里烧香祈祷。每年的农历二月十一至十三日，南海神庙会举办“波罗诞”，并扎制“波罗鸡”祭祀，珠三角许多地方的人都会来此祈福观光。波罗诞成为珠三角一带最大也最为重要的庙会。开皇十四年（594），隋文帝下诏立庙祭祀四海海神，此后的历代封建统治者就是在这里对南海神进行国家祭祀的。天宝年间（742—756），唐玄宗册封南海神为“广利王”，可见他对南海神抱有通过海上贸易大获其利的希望。韩愈撰写的《南海神广利王庙碑》至今还立在南海神庙前。

南海神庙

（图片来源　http://pic.sogou.com）

唐代时，珠江河道已经收束，而外来商船吨位变大，因此就有了内、外港码头的区分。当时的外港码头位于屯门（今深圳南头）和南海神庙前的黄木湾两处，外国商船行驶到黄木湾码头湾泊，不能再继

续航行，外商和货物都是乘小船运送到广州。当时的出口船舶也多由黄木湾码头出发。内港码头位于现在的惠福路坡山巷和流花湖公园一带，也就是外商登岸进入蕃坊的码头。唐代所确立的这种广州港外贸管理制度，同样被此后历代沿用。

唐代的广州还有最具特色的“夜市”消费。当时国内其他城市都有宵禁，即夜间禁止开市买卖，但在唐代诗人张籍的《送郑尚书出镇南海》一诗中，却描写了广州城内“蛮声喧夜市，海色侵潮台”的情景。夜市里，四处灯火通明，飞禽走兽、毒虫海鲜都被拿来做“南食”的食材，酒铺中陈列出许多酒坛，每个酒坛上都有一细竹管插入封泥中，顾客可以通过竹管试饮，称为“滴淋”。想象一下，当时满街醉醺醺的游客东游西逛，是何等的热闹情形。今天的广州人视宵夜为必不可少的习惯，就是发端于此。

广州城市的发展，最初是因为其独特的地理位置，被统治者选作岭南的政治中心，其经济、文化发展无不得益于此。而正因为其地理位置优越，广州在中外交往和经济文化交流中的重要地位也日益显现出来，广州的繁荣与中外海上贸易的发展和繁荣有了紧密的联系。到了唐代，世界各国许多有关中外交流的古籍里都出现了广州的名字。如阿拉伯人苏莱曼写于9世纪的《中国印度见闻录》，将广州称为“广府”，说明“广府”这个称谓在唐代就已经存在了。“连天浪静长鲸息，映日帆多宝舶来”，刘禹锡的这句诗生动地说明了广州这个秦汉时的五羊献瑞之地，到唐代已经发展成重要的国际贸易大都市。

二、海上丝路

——宋元时的番舶集聚

海山楼上水朝东，此去弥漫拍太空。捆载宁寻驀尔国，舟行好趁快哉风。

——（宋）洪适《设番乐语》

1987年8月，考古工作者在广东省阳江市海陵岛附近的海底发现了一艘沉睡了800多年的古代商船，后将她命名为“南海一号”。南海一号船身为木质，长约30米、宽约10米、高4米，测算载重量接近800吨。由于沉没在海底，有20多米厚的淤泥保护，船身至今完好。船上所装载的物品估计超过6万件，大多数为保存完好的瓷器。专家对已经发掘的瓷器进行鉴定，发现它们大多来自浙江龙泉、江西景德镇和福建德化等南宋时期的各个名窑。可以想象，在南宋时的某一天，这艘船正满怀万里之志，劈波斩浪，驶向海上丝绸之路的某个港口，却不

海上丝绸之路博物馆

（图片来源　http://pic.sogou.com）

幸遭遇风浪，被击沉在此。如今南海一号静静地躺在海上丝绸之路博物馆的“水晶宫”里，她本身虽默默无言，却激起了世人对这艘宝船所蕴藏的巨大财富、对海上丝绸之路，以及对宋元时期的中外贸易等的热烈讨论。宋元时期广州的发展，与上述问题都有着密切的关系。

（一）宋元易代和广州市舶：宋元时期广州外贸的行政管理

北宋以后，中国基本结束分裂割据状态，进入到宋、元、明、清几个大一统王朝先后更迭的时期，但中央政权对于岭南和广州地区的行政管辖以及对外贸易的管理，历朝的格局基本相同，政策上也有很多延续性和相似之处。

1. 宋元时期的朝代更迭

赵匡胤建立北宋政权后，励精图治，准备统一中国。970 年，宋军进攻南汉，次年 2 月即兵临兴王府前，南汉后主刘鋹出降，南汉国灭亡，广州等岭南各地归于北宋政权的管辖之下。1127 年，北宋被金国所灭，同年赵构称帝于东南，史称“南宋”。岭南地区没有受到南北宋更迭的影响，自然过渡，归于南宋政权的管辖。此后直到 1279 年，陆秀夫背着 8 岁的宋末帝赵昺投海自尽，元兵攻占广东，广州和岭南地区又进入长约 90 年的元朝政权统治时期。

在两宋期间，中国北方有几个强大的少数民族政权与中原的汉政权鼎足而立，分别是与北宋对峙的由契丹族建立的辽国、与南宋对峙的由女真族建立的金国，以及贯穿两宋、不时侵扰中原的由党项族建立的西夏。此外，西藏的吐蕃诸部和新疆地区的回鹘诸部，都保持独立状态，并未臣服于其他政权。两宋在与这些少数民族政权的交锋中，始终处于落后挨打的窘境，不得不每年献上数量不等的“岁贡”、“岁币”，花钱买平安。南宋皇帝甚至还要称金帝为“伯伯”或“叔叔”，以维持偏安东南的局面。

在这种情形之下，首先是因为北方战乱频仍，中原地区的居民不断迁徙到长江流域、福建及岭南地区，其次是由于两宋统治者无不倾力于对这些地方进行开发和治理，加上这一时期科技水平发展迅速，使得上述地区的社会经济、文化水平突飞猛进。南宋时，南方的经济、文化水平已经超过北方，其中江南地区更成为全国经济的中心区域，而岭南也在这一时期得到了极大的开发。与此同时，两宋统治者吸取唐末藩镇和五代割据的教训，重视加强对地方政权的控制，并以文官负责地方事务，同时对社会管理采取了较为开放的政策，尤其是开放了对商业活动的许多限制，使得当地的社会经济非常繁荣，对外贸易更加发达。

成吉思汗所建立的蒙古帝国是一个地跨欧亚大陆的大帝国，不过忽必烈建立的元政权所控制的核心区域还是今天中国的范围。随着农业、手工业等社会经济的发展，特别是游牧民族重视贸易活动所带来的巨大利益，有元一代，广州的海外贸易长盛不衰。

2. 宋代广州外贸的行政管理

两宋的地方行政管理体制，是由“路”、“州”、“县”三级组成的，大致相当于今天的省、市、县三级。岭南地区被分为“广南东路”和“广南西路”两个路一级的行政单位，管辖范围大致相当于今天的广东、广西两省，其中广南东路治所设在广州。由于海外贸易发达，两宋时广州的地位非常重要。从广南东路所辖州数和广州所辖县数来看，其密度与今天已相差无几，说明到了宋代，广东及珠三角地区人口数量大增，开发程度也大大提高。

唐代就设有市舶使管理对外贸易，但事属草创，市舶使管理的随意性比较大。宋代设置市舶司，其长官称“市舶使”，最初由地方官员兼任（如广南东路安抚使兼广州市舶使），后来改为中央派出专职的“提举市舶司”，市舶司的职能和制度等也得到完善。

市舶司首先负责对进口的商船征税，当时称为“抽分”或“抽解”。除了外国使节所携带的贡品，其他商品都必须征税，税率多为10%～20%，特殊商品则高达30%～40%。抽分一般征收实物，但南宋时偶然也出现征收货币的现象。所征收的税款都提解到中央政府，是两宋时期中央政府财政收入的一个重要来源。

市舶司的另一重要职能是对一些商品进行“博买”，也称“官市”、“和市”，即官方收购进口商品。北宋初年，统治者为控制外贸利益，规定所有进口商品都由市舶司专买专卖，但这种局面维持时间较短，很快北宋政府就放开绝大多数商品的买卖，只对乳香、象牙、犀角等少数贵重商品“禁榷”。当然，市舶司仍然能够根据需要，随时对到岸的货物进行“博买”。市舶司在进行官市交易时，有时不付给外商货币，而是以实物抵充，称为“折支”，外商对此自是怨声载道。

市舶司还负责外国商船的进出港管理。外船到港后，都是由市舶司派人登船查验，并发给准许出入的“公凭”。外国使节由市舶司负责接待，入住“来远驿”。对于居住在蕃坊里的外商，也是通过市舶司与蕃长沟通进行管理。北宋初年，统治者还试图通过市舶司控制民间商船的出口贸易活动。如端拱二年（989），宋太宗就发布谕令，要求民众从事海外贸易时，必须先到市舶司备案，得到允许后才能出海。王安石变法期间，北宋政府推行“元丰广州市舶条”，对商船出口进行更为严厉的管制，规定只有设置市舶司的广州、杭州、明州（今宁波）三处，才有权放行船只出口，对这三处市舶司放行商船的去向也有详细而严格的规定。虽然这些政策推行的时间都不长，却反映了封建统治者垄断外贸、限制私人从事海外贸易活动的意图。

宋代在广州、杭州和明州三处设置了市舶司，又在泉州、温州等地先后设置了市舶务等机构来管理外贸。广州的市舶司设置于971年，也就是北宋灭南汉国的那一年。由于广州远在南方，不受北方少数民族政权的军事威胁，并且当时中西方的陆路贸易受阻，中国的主要贸易伙伴都是从南方泛海而来，所以广州是宋代最为重要的外贸口岸，在对外贸易中的地位无可替代。

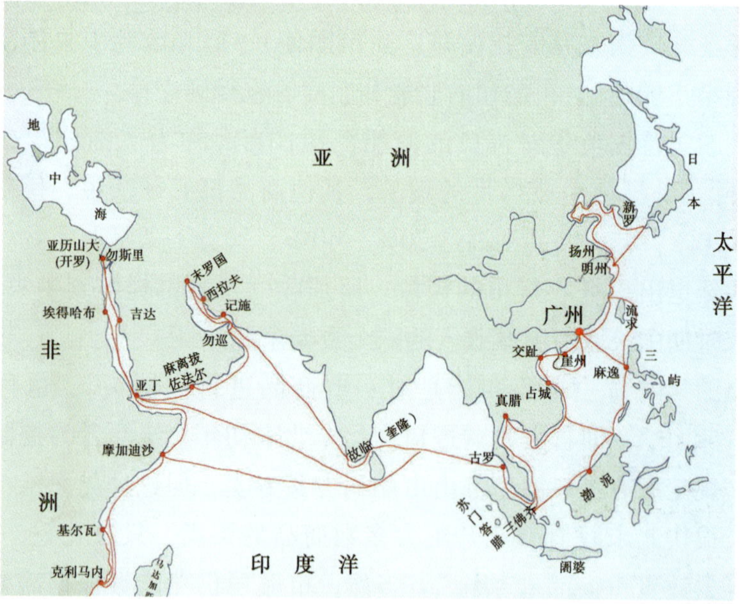

宋代海上丝绸之路

（图片来源 http://pic. sogou. com）

3. 元代广州外贸的行政管理

元代的地方行政体制是“行省制”，也就是沿用至今的在地方置省的制度。元代将现江西、广东两省区域划为“江西行省”，省治在龙兴路（今南昌）。因为江西行省辖区广大，难以兼顾南方地区，后来又设置了广东道宣慰司，以广州为治所，管辖广东地区。

元代同样在广州设置市舶司，并废除了宋代的官市制度，这些都有利于外贸发展。但元代市舶司对外贸活动的管理比宋代更加严厉，除了进出口商品的税率加重外，元代还严格限制民间开展海外贸易活动，不仅“舶商大船”需要在市舶司领取“公验”才准许扬帆出海，“柴水小船”也要领有“公凭”才能出入。此外，包括金、银、铜、铁等金属，弓箭等武器，马匹等牲畜在内，许多商品都禁止出口，棉布、丝绸等手工业品也一度遭到禁止，使外贸活动受到一定制约。

在限制民间外贸活动的同时，元朝贵族及由政府控制的“官本船”的对外贸易却得到大力扶持。“官本船”制，是指政府提供航海船只和低息贷款，由商人承揽经营、利润分成的外贸经营方式，它一度非常活跃。元代法律规定，“诸王、驸马、权豪”，以及僧道、也里可温（基督教徒）、答失蛮（伊斯兰教徒）等各类人员，可以经营海外贸易，他们在缴纳税收等方面往往还享有特权。此外，经营外贸的“舶商”，全家有免除杂役的政策优惠。元代沿海全部对外商开放，广州、泉州、温州、庆元（今宁波）等许多城市都设有市舶司或提举司。就全国而言，广州仅次于泉州，是对外贸易第二大港。

（二）珠玑南迁与广府文化：广州商贸发达的文化基因

生活在岭南地区的三大汉族民系，即广府民系、福佬民系和客家民系，许多家族在追述他们的先祖时，都会不约而同地谈到一个本民系共同的传说：北宋末或南宋末的某年，一位祖先历经千辛万苦，从中原各地经过某重要地点，才抵达后人现在居住的地方。居住于潮汕一带的福佬人有“莆田”传说，居住于粤北、粤东一带的客家人有“宁化石壁”传说，而广府人则有“珠玑巷”传说。这些传说实际上反映了在宋元时期，随着大量中原汉族人南迁，汉族与南越后裔各少数民族加快融合这样一个基本事实。同时，在这个时期，岭南人口数量大幅度增加，三大民系的自我意识开始形成。对于广府人来说，广

府民系和广府文化正是在这个时期逐渐成形的。

1. 珠玑巷传说与广府民系的成形

相传南宋某年，南雄富商黄某藏匿了从皇宫中逃出的皇妃胡氏，隐居珠玑巷，官府发现后派兵剿杀，胡妃投井自尽，而珠玑巷居民罗贵等33姓97人为免遭池鱼之殃，集体南逃，这就是关于珠玑巷、关于胡妃、关于罗贵南迁的传说。

“黄花满地缀珠玑，广府人称是故居”，现在有许多广府人自称是随罗贵南迁氏族的后裔，并认为珠玑巷是“祖宗故居”。不少到珠玑巷游玩的人同样热衷于在这条古巷中寻寻觅觅，当找到本家姓氏的宗祠或祖居时，就会情不自禁地欢呼雀跃。据说现在已考证出有150多个姓氏通过珠玑巷南迁到岭南各地。

珠玑巷只是一条几百米长的小小古巷，为何能够成为这么多广府人寻根问祖的源头所在呢？这需要从这条巷子所处的地理位置上寻找原因。珠玑巷位于广东省南雄市，在南雄市区以北不足10公里的地方，从珠玑巷往北再行不足20公里，就是梅岭古道上的江西和广东两省交界处的梅关。自张九龄开凿梅岭古道后，这条路就成为南岭地区的南北商贸往来、文化交流以及人员迁徙的最为便捷繁忙的通道，而珠玑巷就是这条通道南端的第一个重要集镇。

可以想象，自唐代以来，从北方到岭南来的各色人等，过梅关后顺梅岭古道而下，无不经过南岭山麓这一处水甜田肥的所在。许多南迁的人自然地就会停下脚来，选择在这里居住。但是由于珠玑巷一带仍然属于山地，可供开垦的耕地有限，可以容纳的人口数量也有限，所以每隔一段时间，又会有一批人离开这里，继续南迁，寻找更加适宜的栖身之地。特别是在北宋末年和南宋末年，因为中原战乱的影响，又出现了两次汉族向岭南地区大规模迁徙的移民潮。珠玑巷地处要冲，在宋、元朝代更迭时，两军曾在此反复交战，居民集体南迁的事情是完全有可能的。所以关于珠玑巷的传说，撇开其怪诞夸大之处，揭示它所隐含的历史真相，其实就是有关宋代移民南迁历史的民间描述。

南迁的人口主要集中在珠三角地区，但也有许多逐渐迁往粤西、粤北以及桂东南等地，在岭南地区形成一个范围很大的“广府地区”。如新会的《卢氏族谱》称：“约查各谱，其始迁本境之祖，皆唐以后人……由南雄珠玑巷迁至者，约占全邑民族之六七焉。”就是说，宋元时期，广府地区的人口往往成倍增长，新迁来的移民甚至远远超过世居本地的人口，成为居民的主体。

随着人口的增加，岭南汉族与南越各少数民族的融合也大大加快。此前的历史时期，岭南地区的人口主要呈缓慢增长的趋势，汉族与少数民族的交流、融合，主要还是处于渐进的、相互影响的状态。而随着汉族人口数量大增，民族融合主要表现为汉化程度加深。所以古人称：“建炎以后，中原士大夫避地留家者众……于是衣冠礼度，并同中州。”意思是说，建炎元年（1127，“建炎”是南宋高宗第一个年号）以后，岭南地区的文教风俗与中原地区已经没有差别了。

人类学家早已指出，广府人与南越人有密切的血缘关系。而广府人不断强调其先祖来自珠玑巷，实际上隐含了自认汉族后裔的强烈意愿。也就是说，强调祖先的来源，实际上是在强调对自己身份的认定。广府人慎终追远，将祖谱追溯到宋代，说明从这一时期开始，广府人已产生了明确的自我意识。在南宋末年的抗元斗争中，岭南一带反抗尤为激烈，就是民族自我意识在发挥作用。元朝统治者推行了民族分化政策，将全国人口分为蒙古人、色目人、汉人和南人四个等级，其中蒙古人和色目人是特权等级，而前三等人又被称为“北人”，岭南地区人口的绝大多数都是最低等级的“南人”，饱受歧视欺压。这种政策使广府人的自我身份意识更加强烈。

宋元时期的汉族南迁，有许多是像罗贵那样，举族迁移，并且南迁后也是聚族而居，从事农业生产，这就使北方汉族的家族制度、农耕文化得到完整的复制，北人所秉持的传统儒家思想观念，并没有因为生活环境的改变，以及与不同民族进行文化交流而发生变异。广府文化的核心价值观念在这一时期得到确立。特别是到了宋代，粤语已经基本成型，北方人到岭南来，已开始对听不懂的“鸟语”大感惊奇。也就是说，广府人相互交流有了共同的基础，而与非广府人的差别，则一目了然了。

到宋元时期，广府人居住在一个较为统一的区域里，有了统一的语言、统一的文化观念，也有了统一的身份认同，与非广府人出现了显著差异，可以说，广府民系已经基本形成。

2. 宋元时期岭南地区文教事业的发展及广府文化特征的形成

岭南地区的文化在宋元时期发展迅速。在南迁的移民中，有不少学术或官宦世家，比如孔子后裔孔昌弼在唐朝末年迁居韶州，他的孙子又在北宋初年迁至广州。这些移民本身有较高的文化修养，并注重其文化传统的传承和发扬，他们在很大程度上推动了岭南文化事业的发展。在受命主政南越的“南下干部”中，也有不少人对岭南文教事业发展作出了很大贡献，如曾任广南东路提点刑狱的北宋理学家周敦颐，曾任端州（今肇庆）知府、传说中铁面无私的包青天包拯等，都曾不遗余力地大兴文教。

唐宋以来，有许多遭受贬谪的官员被发配到岭南。比如唐代时，名列“唐宋八大家”之首的韩愈曾被贬为潮州刺史，又有与韩愈齐名、并称“韩柳”的柳宗元也曾被贬为柳州刺史，宋代还有大诗人黄庭坚、宰相赵鼎等。这些人大多具有极高的文化修养，对岭南文化的发展往往发挥了很大的作用。其中最被岭南人念念不忘、留下诸多遗爱的，是北宋时被流放到惠州、昌化军（今海南省儋州市）的大文豪苏东坡。

苏东坡（1037—1101 年），名苏轼，号东坡，是北宋著名的文学家、书法家、画家。苏东坡为官正直无私，造福于民，却屡遭政敌陷害，一再地被贬到各地做地方官。晚年的苏东坡连遭厄运，被流放到岭南。他在岭南不仅留下了许多或豪放达观或婉约深沉的优美诗文，使清新秀丽的惠州西湖得以扬名，而且处处兴学传道，教化世人。他在琼州（今海南省）时，捐钱修建了“载酒堂”，作为开馆讲学的场所，琼州人姜唐佐、潮州人吴子野等纷纷前来受教，并且都学有所成。就在东坡去世后的第二年，他的学生符确成为琼州历史上第一个进士。苏东坡在儋州教会百姓打井取水，又将北方农民栽秧时使用的秧马（当时一种先进的农具）引进岭南，劝

六榕寺

（图片来源　http://pic. sogou. com）

导海南的黎族人从事农耕生产。他还以自己的医术为人治病，规劝当地人放弃以巫术治病的陋习，凡此种种，不一而足。苏东坡以一种潜移默化的方式，引导岭南人民移风易俗，是推动岭南文化进步的一个极为重要的人物。苏东城曾为净慧寺手书“六榕”二字，为广州留下一座因他而闻名的佛教古刹。

在宋代，流行以“书院”进行儒学教育，南宋时广东最多曾有40多所书院，仅广州就有禺山书院、番山书院等10多所，培养了很多岭南本土人才。而在科举考试出现的状元、进士中，珠三角一带占了很大比例，反映了珠三角地区在岭南的文化中心地位的确定。

宋代时的岭南不再像唐代仅出现如张九龄等寥若晨星的少数杰出人物，而是有一批如余靖、崔与之、李昴英、冯元等这样出类拔萃的人物。如崔与之是南宋名臣，曾担任工部侍郎、四川制置使等职务，在领导淮东、四川等地的抗金战争中屡屡获胜，又以儒学上的精深造诣自成“菊坡学派”，形成岭南历史上的第一个学术流派。李昴英曾高中探花，官至吏部尚书，为官清正，还以词作见称，词风俊朗，人称“词家射雕手”。元末明初时，广州还出现了被称为“南园五子”的诗人群体，包括了孙蕡、王佐等人。

禺山书院

（图片来源 http://pic.sogou.com）

在岭南地区文化事业发展的同时，广府文化与地域环境及社会生产相适应的开放、务实和灵活变通等重要特征也开始形成，并随着历史发展植根于广府人的精神之中，成为广州商贸千百年来长盛不衰的文化基因。

（三）占城稻与青白瓷：宋元时期广州商贸发展的社会经济基础

宋元时期是我国社会经济发展、科学技术发达、商品经济活跃的一个历史时期，在这一时期，封建统治者推行了很多有利于经济发展、促进商品交易的政策，生产技术的进步也极大地推动了生产力水平的提高，使得国民经济在这一时期异常繁荣。在这个背景之下，岭南经济有了很大发展，特别是宋元时岭南人口快速增长，极大地推动了对岭南广大地区的开发，为广州对外贸易的发展奠定了基础。

1. 宋元时期社会经济的发展

宋元时期社会经济的发展与当时科学技术，特别是农业技术的进步，以及封建统治者重视农田水利建设、推行宽松的社会经济政策等有很大的关系。

宋元时期是中国古代农业的一个大发展时期，主要表现在作物优良品种的引进、耕地面积扩大、农业技术提高和粮食产量大大增加等几个方面。北宋时期，筒车等灌溉工具、秧马等种植工具，以及耙、锄等各类用于精耕细作的农具，在各地得到普遍使用，早熟、抗旱、高产的占城稻（占城是宋代越南中部城市）在我国大面积推广种植。南宋时，修筑圩堤、开垦湖泊滩涂和河流漫滩地的“圩田”，密布南方各地。元代有郭守敬编的《授时历》，精度极高，为指导农业生产提供了重要保证，又有王祯编写的《农书》，总结了许多作物栽培和农具使用的经验方法。同时，元统治者编成极具实用价值的《农桑辑要》，该书在全国发行，极大地推动了农业生产的发展。

宋元是中国古代科学技术发展的一个高峰时期，中国古代“四大发明”中活字印刷术、指南针和火药都是在这一时期发明出来并得到发展的。其中指南针的发明对推动古代航海技术的发展起了关键性的作用。宋代雕版印刷举世闻名，宋版书刻印精致、校勘严谨，是后世学人孜孜以求的珍宝。元代时印刷术继续发展，如王祯发明了木活字的转轮排字架。与印刷业紧密相关的造纸业，在宋元时也得到很大发展，宣州的“宣纸”已开始扬名四海。此后的明清时期，中国的纸张和刻印的书籍，都是向日本、朝鲜、琉球（今日本冲绳一带）和越南等东亚、东南亚国家和地区出口的重要商品。

与宋版书同样闻名于世的还有宋瓷。宋代的制瓷技术，在瓷土选择及配比、釉料的配方、器形制作、瓷窑建筑和烧制技术等各方面都达到了极高的水平。北宋时有官窑（今河南开封）、钧窑（今河南禹州）等五大名窑，所出产的瓷器各有特色，除了主要的青白瓷外，还有朱砂、胭脂等色，造型精美，釉色绚丽，许多都堪称艺术珍品。北宋真宗景德年间，江西新平（今江西景德镇）所建的官窑异军突起，因为贡瓷的底部都有“景德年制”四个字，后来新平就改名为“景德镇”。在今天国际知名的艺术品拍卖市场上，一件精美的宋瓷往往可以卖到数十万甚至上百万美元。南海一号所装载的瓷器，虽然不可能件件如此珍贵，但在数万件瓷器中，即使有一小部分用这样的市场价做一道简单的乘法，就足以使其变成令所有人怦然心动的巨大宝藏。陶瓷业在元代仍然是重要手工产业，景德镇所产的青白瓷、龙泉所产的青瓷都畅销世界各地。

宋代景德镇瓷器

（图片来源 http://pic.sogou.com）

在纺织业方面，除了丝织业继续占据重要地位外，棉纺织业也开始兴盛起来。南宋时期，棉纺车在我国已有应用。元代松江（今上海）人黄道婆学会了海南黎族人的棉纺织技术，以“搅车”脱棉籽，攻克了棉纺织过程中的一道难关，对纺车也有所改进。黄道婆在自己的家乡推广棉纺技术，此后渐渐在全国传播，使棉纺织业地位渐居丝织业之上。

造船技术在北宋时期就已达到很高水平。史书记载，宋神宗时有用于内河运输的船只可载米 1.2 万石，称为“万石船”。宋徽宗时建造的海船载重甚至超过 2 万石，也就是 1 000 多吨。这种船的主桅高 10 丈，有正副舵，有锚碇，有分隔舱房，是一种吃水很深的尖底船，船上水手 60 多人，各有分工，根据日月星辰判断航向，并配有指南针，是当时世界上最先进的海船，远洋航海通商能力大大高于以往。

随着冶炼技术的提高，金属开采和冶炼业发展迅速，特别是与商业发展有密切关系的银的开采和冶炼在宋代达到一个新的高度。煤和石油也在宋元时开始被开采使用。

手工业及工程技术在宋元时期都得到了极大发展，出现了一些相应的理论总结著作。比如北宋时沈括所著的《梦溪笔谈》，内容就涉及天文、数学、物理、医药和工程技术等广泛领域，而李诫撰写的《营造法式》则是对北宋以前中国古代建筑技术的一次总结。随着宋元时期各项水利工程及大运河的兴修，元人王喜还编写了《治河图略》一书。

宋元时期社会经济高速发展，统治者的一些政策、措施对其发挥了很重要的推动作用。在农业方面，北宋时水利设施建设取得了令人瞩目的成就，如浙江的捍海石塘在北宋时建成，此后历代不断修缮，至今发挥功用。王安石变法时，农田水利法是变法的一项重要内容。元统一后，也采取了许多鼓励垦荒、兴修水利的措施，如设置“劝农官”，引导各级官员重视发展农业等。由于元代定都大都（今北京），由江南向北方运送粮食物资成为维护政权稳定的一项重要任务，元统治者疏浚京杭大运河以运输“漕粮”，后来又开通海路运输线，使南北交通更为便利。

宋代手工业作坊工匠的人身依附关系已经有所松弛，在官营作坊里，甚至出现了计件付酬的工匠。不过到了元代，情况又有所反复，元代的“匠户”制度对手工业者的控制十分严厉，剥削更重。除了官营手工业外，宋元时期的私营手工作坊和家庭手工业也非常发达，环境相对宽松。

北宋画家张择端的传世名画《清明上河图》，栩栩如生地描绘了汴京（今河南开封）的市井繁华。有学者认为宋代中国商品经济的繁荣堪称一场“商业革命”。由于统治者放松对商业活动的管制，全国出现了商品贸易兴盛、市民生活丰富多彩的局面。

宋代城市打破了唐代“坊”、“市”分离的格局，就是说，不再对住宅和经营性用房进行区分，所有住房统统都“住改商”了。城市里凡是临街便利的地方都被用来开店做生意。“夜市”在全国普及，各大城市经营商业活动的时间都没有限制。许多地方还出现了定期的集市，若干天一次的“庙会”活动从宋代开始兴盛起来。农村地区一些交通便利的地方也出现集市，北方人称为“赶集”，岭南叫做“趁墟”。除了传统的铜钱、铁钱，金银在大宗商品交易中也成为流通货币，便于长途贸易活动的纸币也已出现，在北宋有“交子”，南宋有“会子”，政府为发行纸币还成立了专门机构“交子务”、“会子务”。宋代的“行”、“团”或“铺”，是商人的行会组织。在宋代的城市里，还有所谓的“勾栏”，就是相当于今天 KTV 或迪厅一类的娱乐场所，勾栏和酒肆、茶楼集中在一起，形成一个娱乐区，称为“瓦子”。宋代城市里活跃的商业和娱乐活动，使当时的社会生活有了异乎寻常的市民气息。

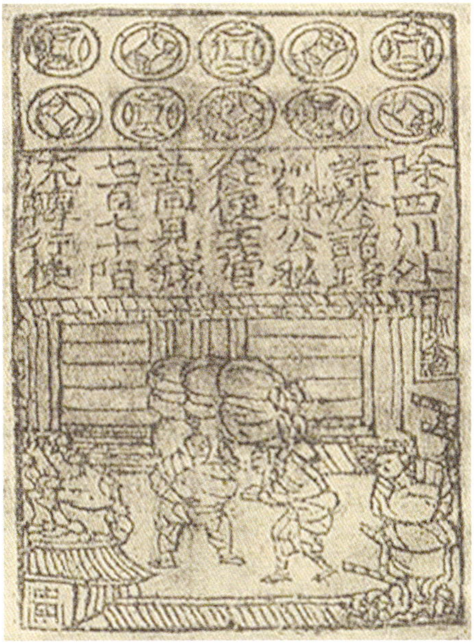

北宋的“交子”

（图片来源　http://pic.sogou.com）

2. 宋元时期岭南地区的社会经济发展

宋元时期，岭南地区的社会经济发展速度远远超过北方，这是因为除了同样拥有前述有利条件外，岭南地区还少受战争破坏，并且人口也有快速增长。

就农业而言，成群结队南迁的北方移民不仅带来了先进的生产工具和生产技术，而且使岭南劳动人口的数量大增。岭南属于热带、亚热带地区，在古代的生产条件下，进行农业开发的难度较大，所以在宋代时，岭南还被称为“瘴疠之地”。所谓的“瘴疠”，其实就是热带森林里腐朽植物散发出的气体，人类接触到这种气体容易染上急性疟疾等热带疾病，这在当时很难医治，所以古人提起“瘴疠”，畏之如虎。随着人口增加，许多山林地带被开垦出来，瘴疠之地渐渐消失，人类活动的范围也得以逐渐扩大。同时，由于人口的增加意味着具备了劳动力、技术和资金等兴修水利工程的各方面条件，一些大型水利工程也能够被修建起来。珠三角的许多湖泊、沼泽地带，到宋元时已

被改造为良田。因为占城稻等优良稻种的引进，岭南地区麦稻一年三熟的耕作制度得到推广。基于以上种种原因，岭南在宋元时粮食产量大增，珠三角地区成为重要的粮食输出地。

岭南经济作物种植历史悠久，在宋元时期，除了传统的荔枝、龙眼等水果外，海外引进的芒果、橄榄等也已普遍种植。此外，茭笋等瓜果蔬菜、茉莉等花卉也都开始商品化种植。最为重要的经济作物当属甘蔗，宋代广州地区的甘蔗种植推动了制糖业的发展，所出产的糖霜（即砂糖）成为贡品之一。

岭南的渔业分为海上捕捞和养鱼业，宋代珠三角一带的淡水鱼养殖和沿海渔业都非常发达。南海人称“以鱼为命”，可见渔业的重要性。同时，东莞及其他沿海地区的珍珠捕捞业比前代更加发达，珊瑚、珠贝等仍为达官贵人所珍视。

宋代对盐、茶、酒等商品实行专卖政策，这些都是岭南地区的重要物产。东莞和新会是当时主要的盐产地，有静康、大宁、东莞、海晏等盐场，惠州还有淡水和石桥等盐场。盐场里，有“灶户”（指旧时设灶煎盐的盐户）以海水煮盐，集中到广州后，再以各种方式销往内地。

关于“南海一号”，很多人心中都有一个疑问：她的“娘家”在哪里呢？是谁把她建造得如此美轮美奂？这到现在还没有一个确切的答案。但是很多研究者都把目光投向广州。宋代，广州是南方重要的造船基地，所建造的船只主要用于远洋航运。史料上说，在广州所建造的船只上，除了有指南针、转轴等设备外，还有密封的隔水舱，可以载乘数百人，载重量可达数百吨，这些都能在“南海一号”上找到对应或相似之处。元代时，摩洛哥旅行家伊本·白图泰来到广州，所见的大海船有4层建筑，可容纳1 000多人。宋元时期发达的造船业是海外贸易繁荣发展的见证。

“南海一号”复原模型

（图片来源　http://pic.sogou.com）

宋元时，岭南地区的制瓷业集中在珠三角一带及沿海港口城市附近。在广州的西村，考古学家曾发掘出宋代的瓷窑遗址，称为“西村窑”。在西村窑出土的文物中，有不少是精美的青白瓷和影青瓷，在造型和纹饰等各方面，显然有模仿北方名窑的痕迹，但其中一些装饰褐彩花纹和几何图纹的绿釉器皿，以及一些细颈瓶，颇具岭南特色。从瓷器的种类来看，主要是一些碗、碟、壶等日用品，也有一些狗形、马形等玩具或工艺品。文物中出现了为数不少的军持（军持又名“君迟”、“净瓶”等，是一种盛水器皿，为伊斯兰教徒洗手所用），由此可以判断西村窑的产品主要还是用于出口。

西村窑烧制的凤首净水瓶

（图片来源 http://pic.sogou.com）

岭南地区农业和手工业的持续发展，对于宋元时期广州对内、对外贸易的繁荣兴盛有着极大的促进作用。

（四）物流畅通，番舶集聚：宋元时期广州的商贸活动

宋元时期，广州的海外贸易非常繁荣，在国内外贸易中的地位更加重要，除了宋元时期社会经济发展，以及统治者推行积极宽松的外贸政策等因素外，还与这一时期广州的商品经济发展状况有密切关系。与前代主要由于地理位置原因而繁荣起来显著不同的是，宋元时期广州的国内外贸易与岭南地方社会经济的发展建立了更为紧密的联系。

1. 宋元时期广州与内地的商贸活动

从宋代开始，从广州通往岭南腹地和中原内地的交通更加畅顺，除了沿海的海路运输外，梅岭古道重加修筑，西江、北江的水路也日益繁忙，广州与内地的商贸活动日益兴盛。特别是各种舶来品在内地大受欢迎，经营者中常有人轻易致富。

在广州销往内地的货物中，有许多是岭南特产，比如葵扇等。古代缺乏保鲜手段，荔枝、龙眼等热带水果难以运销内地，但从宋代开

始，广府人将这些水果制成荔枝干、桂圆干、香蕉片等，就可以向内地发售，又如陈皮梅、嘉应子、甘草榄等各类果脯，无不被制作售卖。许多海产品也同样被制作成干货，像墨鱼干、江瑶柱、鱼肚等干海鲜，宋代时中原内地的老饕食客就已有机会品尝。特别是用鲨鱼的鱼皮或鱼唇做成的美食，宋人趋之若鹜。鲨鱼皮加工后切成细丝，烹制成“鱼皮脍”，味美异常。北宋诗人梅尧臣曾以“海鱼沙玉皮，翦脍金齑酽”的诗句赞美鱼皮脍制作精细、滋味浓郁。此外，岭南所特产的蔗糖（糖霜），以及珍珠、珊瑚等海上珍宝，同样在广货之列。

相传南宋时有一个名叫方滋德的广东官员，为了拍宰相秦桧的马屁，用配有进口香料的原料制成蜡烛，送到宰相府，并买通了相府的主管。有一天，秦桧大宴宾客，主管乘机声称家中蜡烛用完了，但有一箱广东方某送来的蜡烛，未敢开启。秦桧命其开箱启用，蜡烛一点燃，满室异香，举座赞叹，方滋德拍马屁之举大获成功。在今天看来，这个故事生动地说明了在宋代时，广东人就已经使用进口原料加工产品了。除了有加香料的蜡烛，更重要的还有沉香制品等。

沉香又叫“沉水香”，可以做中药，点燃熏蒸，香气典雅，宋人十分喜爱，尤其认为登流眉国（位于今马来半岛）所出沉香“气味馨郁，胜于诸蕃”，在国内十分畅销。沉香运至广州，常被加工成熏香，或者雕刻成佛像、念珠等佛具，然后再销售到内地。此外，海南等地也生长着沉香木，岭南人开始采集沉香，据说其中的上品与登流眉国的沉香不相上下。

在今天的北京路步行街中段、宋代拱北楼遗址之上，有一个古代“铜壶滴漏”的仿制品。在游览北京路时，如果多花几分钟时间在这里逗留一下，很快就可以弄明白古人是怎样计时的。“铜壶滴漏”就是古代的钟表，它利用水滴匀速流淌的原理来计时。宋代时的拱北楼上，就有一个铜壶滴漏为市民报时。

铜壶滴漏模型

（图片来源　http://pic.sogou.com）

宋元时广东冶炼业发达，在阳山有铜坑铜场、连州（今连县）有同官银场、乐昌有黄坑银场、兴宁有石坑铅场等。广州一带的金属铸造技术也达到较高水平，其中铜器铸造工艺尤其发达。如广州所铸的铜壶滴漏，计时准确，而铜钟等产品则制作精良，还有许多用铜为原料铸造或打制的锅、盆、碗等生活用品，都远销内地各省。今天在日本、朝鲜等国家和地区，还能发现宋代广州铸造的铜钟。

广州还是米和盐的重要集散地。宋元时珠三角一带虽然人口大增，但平均人口密度仍然远低于江南等地，而由于粮食产量增加，这里就变成了一个重要的粮食输出地，广州还设有用于平抑米价的“常平仓”。每到收获季节，粮商们利用便利的水陆交通，将粮食从珠三角和珠江上游各地运送到广州，集中在现在五仙观以北一带，形成一个米市，后人就将这一带称为米市路。如今的米市路，商家们主要是出售电子元件，而在宋代，街道两边全是大大小小的米铺，除了供应广州本地消费外，还装载在海船上，运销福建、浙江以及越南等地。

宋、元两代，食盐都是专卖商品，盐税是政府财政收入的一项重要来源。宋代在现广州的旧仓巷和仓边路附近设有盐仓，专门收储东莞、新会所生产的食盐，并向岭南及内地发售。除了由政府掌握的食盐运输、销售外，宋代还形成了“盐引”制度。盐引也称“盐钞”，是指商人通过将政府所需的粮食或其他物品运送到指定地点，来换取政府发给的购盐凭证。当时的仓边路一带，每天都聚集着来自邻近各省的商人，以盐引购买食盐，然后转销各地。

值得注意的是，宋元时期，广州作为外贸和商业中心的辐射作用开始显现出来。在宋代，广州附近的农村地区出现了一些繁荣的墟市，就是在功能上服务于广州的卫星集镇。当时的扶胥、大通、瑞石、平石、猎德、大水、石门和白田等镇，被称为“八大镇”。从八大镇的分布来看，都位于广州去往周边地方的交通要道上。比如扶胥在南海神庙附近，是当时外港的所在地；猎德则位于广州正东的珠江航道北岸上；白田在现在的丛桂路一带，位于广州正西；石门则位于广州西北。八大镇各自扼守一条进出广州的通道，为进出广州的人员、物资提供必要的服务。仰赖于广州的繁华，八大镇在宋元也曾热闹一时。

到了元代，广州对周边地区的辐射作用更加强大，表现为以广州为中心的“长河渡”和“横水渡”十分密集。所谓“长河渡”，是指

有固定的码头作为起止地点，也有固定航班往来的长途客货运输船。据记载，元代从广州出发前往周边各州县的长河渡共有近50条航线，比如从南海（今佛山市南海区）出发，可以驶往新会、肇庆、四会、龙江（今顺德市龙江镇）等地；从番禺出发，可以驶往东莞、惠州、佛山等地。陆路交通遇到河流，每每就会中断。元代时，在周边各地通往广州的陆路上，凡是河流截断之处，就会有船家摆渡，称为“横水渡”。据地方志的记载，元代时仅南海就有46处横水渡，番禺也有33处。这些星罗棋布的长河渡和横水渡，将广州与周边州县紧密地联系起来。

2. 宋元时期的广州外贸

北宋初灭南汉国，就在广州设置市舶司来管理对外贸易。为促进外贸，北宋初年，太宗遣使前往东南亚一带“勾招进奉”，也就是邀请他国前来贸易。神宗时又颁布《广州市舶条》，以加强商船出入港的管理。元代时蒙古军声威远播欧亚大陆，中国的外贸伙伴也大大增加。在宋元时期，广州的对外贸易发展到一个新的高度。

宋元时从广州输入的进口商品，除了珠贝、珊瑚、象牙、犀角等传统珍玩、奢侈品外，一些与国计民生有关的商品也日渐重要。比如来自海外的药材，有海桐皮（海桐即刺桐，是一种热带乔木）、没药（一种主产于非洲地区的橄榄科植物树脂）、芦荟等。在五代时就有医学家李珣编写了一本《海药本草》，据说收录了120多种由番舶运送而来的药材。宋代时，这些进口药材被称为“海药”或“广药”，在中医药里被广泛使用。

此外，由于社会经济繁荣，宫室建筑长年兴盛，对于产自南亚、东南亚的楠木、檀木、乌木等贵重木材的需求量也很大，这些木材大多是从广州运往内地的。宋代时铸币业和各类铜制品的生产十分兴旺，国内铜矿开采不足，需要大量从海外进口。当时的精铜矿被称为“鍮石”，在相当长的时间里是政府专买的商品。

宋代时的香料进口在对外贸易中占据了非常重要的位置，有研究者推算，常年贸易的香料价值超过进口商品总值的1/3，其中绝大多数是从广州进口的。香料品种繁多，主要如丁香、肉豆蔻、降真香、沉香和各类乳香等，由于大多数香料均可入药，所以又被称为“香药”，而市舶贸易因此又被称为“香药贸易”。宋代同样在相当长的时间里对乳香等香料实施专卖，在太府寺（相当于现在的国库）下面设“香药库”，专门收储香料，再通过榷易局（相当于现在的专卖机构）向老百姓出售。政府通过香料专卖而获得的“香钱”，在国家财政收入中也占有一定比例。

在商品出口方面，除了丝织品外，瓷器作为大宗出口商品的地位得以确立，金属制品的地位也日益提升。这些商品在岭南，特别是珠三角一带都有大量生产，如在东南亚各地，都曾出土宋代产自广东的瓷器。当然，从广州出口的商品并不一定是由广州或岭南地区生产的，比如说景德镇所出产的瓷器，因为武夷山的阻隔而不便于运送到福建、浙江的沿海口岸，就需要南运至广州出口。

西村窑出土的青花点彩小盏

（图片来源　http://pic. sogou. com）

宋代与广州通商的国家和地区多在东南亚、南亚、西亚和东非等地，主要如大食、登流眉、蒲巴（位于今缅甸中部）、单马锡（今新加坡）、狮子国（今斯里兰卡）等国。值得注意的是，宋代还开辟了一条从广州港出海，向东转向南，通往菲律宾群岛的航线。此后渤泥（位于现马来西亚婆罗洲）、阇婆（今印度尼西亚爪哇岛）等驶向广州的船舶也都沿菲律宾群岛北上，再横穿南海东北部驶入珠江口，比传统沿中南半岛行驶的航线大大缩短。

与宋代相比，元代广州在全国外贸口岸中的地位要稍逊于泉州。然而当时广州的通商范围比宋代更加扩大，远及北非、欧洲一些地区。

宋元时期，统治者十分重视发展对外贸易，虽然其着眼点主要在于为政府，甚至是为贵族官僚获取巨大的商业利益，一些专卖制度等对民间外贸也加以限制，然而对外贸易拉动社会经济发展是商品经济的自然规律，它仍然不受控制地主动发挥作用。宋元时期的外贸商品，不再局限于珠宝赏玩或海外奇珍，只是为官僚、富豪提供奢侈品消费，许多商品如香料、药材等，已经与普通百姓的日常生活息息相关。此外，对外贸易还拉动了一些生产行业的发展，比如广州地区的香料、玉器和象牙加工业，以及显然以贸易出口为目的的陶瓷业等。这一时期的广州外贸，实已具有不同寻常的意味。

（五）中、东、西三城与广州录事司：海上丝绸之路起点的古代商都风貌

商品经济的繁荣，带来了广州城市面貌和市民生活的巨大变化。宋代时修筑三城，使广州的城市范围大面积扩张，而元代设置了广州录事司，又使广州城有了专属的行政管辖。宋元时广州的人文气息、商业气息更加浓郁，城市品位大不同于以往。

1. 三城的建设与宋代广州

中国古代的“城”，是指环绕城市一周的城墙，起军事防御的作用，所以北方防御匈奴的长长的墙，也叫做“长城”。“城”所保护的主要是城墙里面的各级封建统治机构，包括衙署机关和各级官员等。当然，一般的“城”都会设在位于交通要道、便于控制周边地区的地方，所以很自然会成为这一带的商贸中心。也就是说，“城”里面通常都会有大小不一的“市”。在这种情形之下，古代的城市建设主要是围绕军事防御功能展开的，重点在于城墙、城门、护城河等建筑，城内除了道路外，对其他市政设施考虑较少。然而在宋代，广州的城市建设局面大有不同。

在广州的城市史上，宋代是一个极为重要的时期，修筑了子城、东城和西城，也就是所谓的“宋代三城”。三城建成后，广州的城市面貌和格局一直持续到民国初年才发生根本改变。

宋代广州城砖

（图片来源　http://pic.sogou.com）

北宋庆历五年（1045），广州拉开三城修筑的序幕。这一年，知州魏瓘以南汉国宫城为基础，即今天吉祥路、中山路、小北路、越华路范围以内的位置，修建了一个“环五里”，也就是周长5里（宋

代1里约为现600米）的“子城”，又称为“中城”。由于子城狭小，到了熙宁元年（1068），广州知州张田在子城东面修筑了一个“环七里”的“东城”。这时建起的子城和东城都是夯筑的土城墙，当年年底又改建为砖墙。东城的大致范围，东到今大东门，西至今教育路、西湖路一带，南至今大南路，北至今越华路。到了熙宁四年（1071），广州知州程师孟又主持修筑了西城，宋神宗还派出张节爱提供技术支援，将中原的先进技术、设备和建筑材料带到广州。西城的面积比子城、东城的总和还大，“环十三里”，大约位于今北城根、人民路、大德路及子城以西的范围内。

三城修筑完成后，广州城区范围大为扩张，东、中、西三城并存的城墙格局一直沿用数代。同时，三城的功能相对明确，其中子城为衙署所在地，东城为商业区，西城为住宅区，蕃坊也位于西城内。在三城以南的珠江沿岸，商业活动密集，也形成了居民区和市场，南宋时又在这里修建了东、西雁翅城。

三城以内，出现了对于古人来说相当精致的市政规划设计：城内街道的建设多为“井”字或“丁”字形，均为东西或南北走向，规范整齐；由白云山引入城中的文溪，在城内分为东濠（又称“清水濠”）、西濠和南濠（又称“玉带濠”）。三濠向南流入珠江，兼有通航、排涝、防火功能；城南有东、西两澳，供来往船只躲避风浪。同时，还有六脉渠的穿凿贯通。

六脉渠是宋人在广州城内修凿的6条水渠，它引白云山溪水入城，并分流城中各地（主要在今越秀区），然后分别流入东、西、南三濠，最后注入珠江。六脉渠贯穿城内，可供居民饮水，又有舟楫之便，防洪排涝，有水之利而无水之患，并

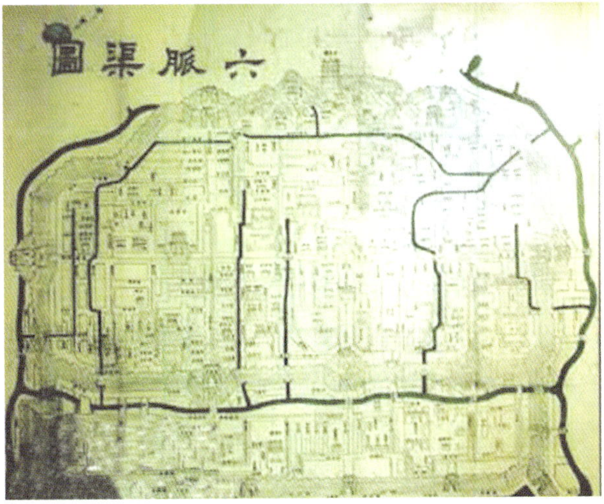

六脉渠图

（图片来源　http://www.ycwb.com）

在此后的数百年都服务于广州市民，是中国古代一项卓越的市政水利工程。现在的六脉渠和玉带河、西濠等，早已被道路、建筑物覆盖，但有几条作为排水暗渠，仍在发挥作用。

宋代的广州城，规模宏大、建筑华丽、商户云集、居民辐辏，与中原名城相比，已是毫不逊色。宋人对子城的双门即拱北楼，有“规模宏壮，中州未见其比”的称赞。而所谓“六脉皆通海，青山半入城”，又道出了广州城因越秀山而清秀、因六脉渠而灵动的景致。

伴随着城市面貌的变化，以及文化底蕴的积聚，宋代的广州散发出浓郁的人文气息，到处都有良辰美景，让人流连忘返：在城东的南海神庙前，东望大海日出，万点金光，“扶胥浴日”使人赞叹不已；在西郊的石井，石门夹峙珠江，落日西沉，云蒸霞蔚，“石门返照”让人流连忘返；海山楼上，天色微明之际，碧空如洗，帆樯林立，“海山晓霁”令人心旷神怡；白鹅潭边，夜阑人静之时，一轮明月当空，珠水清寒，“珠江秋月”教人物我两忘；“菊湖云影”，听古人流杯嬉戏之乐；“蒲涧濂泉”，发令人骑鹤化仙之叹；“光孝菩提”，禅机难悟；大通烟雨，玄妙莫测。宋代这“羊城八景”，让后人至今感叹抒情，吟诵不止。

2. 广州录事司和元代广州

宋元之交，广州曾发生激烈的攻城战和争夺战。元统一后，为防止汉人据险而守，曾经将全国各地城市的城墙拆毁，广州同样未能幸免。数百年历史沧桑，如今宋代广州城墙的残垣断壁已经深埋地下，只有城市建设向下挖掘的时候，才不断有城砖被发现。城墙虽遭毁坏，但元代广州却依然得到发展。尤其是元代设立了广州录事司，对广州的城市建设发挥了十分积极的作用。

在元代以前，广州市的地域范围没有专门的行政机构管辖。也就是说，广州的市区范围和周边农村地区一样，要么属于广州的州级政府管辖，要么属于附廓的县级政府管辖，广州没有自己的市政府。元代设立广州录事司后，这种局面得到改变。

录事司是元代的一种官职，“秩正八品，凡路府所治置一司，以掌城中户民之事”。也就是说，录事司是元代在路府一级治所设立的专管治所城中各项民政事务的官员。元世祖（忽必烈）至元十六年（1279），也就是元军攻占广州的第二年，设立广州录事司。至元十七年（1280），元政府正式设置广州路，广州城成为由广州录事司管理的、与南海等县平级的一个独立的行政区域。

广州录事司的行政机构和职能与各县一样，管理辖区内的户口、赋役、治安、文教等各项事务。录事司设立后，于元成宗大德八年（1304）统计了所辖户口，约为1万余户、6万余人，这是关于广州城市人口的第一个可靠统计数字。在这些人口中，从事农业生产的只有100余户，其他绝大多数为商户或手工生产者，反映了元代时广州就已成为一座工商业性质的城市。

元代广州的城墙虽然部分被毁，但随着海外贸易的发展，广州很快恢复了昔日繁荣。如伊本·白图泰所称："泰克兰城（即广州）久已慕名……世界城中之一也。市场优美，为世界各大城所不能及。"虽不无溢美，但也说明了当时的广州确是颇有可观之处。

宋元时期，由于岭南地区人口大量增长，社会经济发展非常迅速，也由于统治者对商品经济采取了相对宽松的政策，使得广州的国内外贸易长盛不衰。同时，外贸活动对国民经济、产业发展的推动作用日渐显现出来，广州成为一个人文荟萃、商贸发达的繁荣都市。如果你站在宋代时的海山楼上，凭栏东望，就会见到数不清的"南海一号"正往来穿梭，将广州与海上丝绸之路上的世界各地名城串联成一条美丽的珠链，甚是壮观。

三、西人东来

——明代的五都之市

广州是印度支那到漳州沿海最大的商业中心。

——［葡萄牙］皮莱资《东方概览》

明代因为政治、经济等各方面原因，特别是明中期以后倭寇作乱，明代政府不断强化“海禁”政策。对于对外贸易，封建统治者顾虑重重，力加限制，使外贸活动受到了很大的制约。与此相对应的是，这一时期正是西方地理大发现的时代，也被称作“大航海时代”。明中期，欧洲的航海家们开辟了沟通五大洲的新航线，世界各地被往来穿梭的欧洲商船联系起来，整个世界成为一个统一大市场的前景已经显露出端倪。西方人东来，要叩开神秘的古国，而中国人则警惕地注视着这群红头发、绿眼睛的陌生人，中国和西方直接的交流和碰撞发生了。这一时期的广州，就成为中西交流碰撞的一个重要的见证地。

（一）海禁与郑和下西洋：明代外贸政策与广州外贸和行政管理

自明太祖朱元璋于洪武十四年（1381）颁布谕令“禁滨海民私通海外诸国”开始，海禁的政策从未明令撤销，只是在执行过程中时松时紧而已。对外贸易在禁令松弛时，往往会有较大发展，明成祖朱棣时期还有郑和七下西洋的壮举。而在严厉执行禁令的时期，正常外贸受到遏制，沿海走私贸易又迅速猖獗起来。明代的海外贸易，就是在这样一个基本格局下展开的。

1. 明代广州外贸的行政管辖

1368 年，朱元璋建立明朝，并于当年派兵平定岭南。次年岭南归附，从此受明政权控制。明代岭南设广东、广西两个行省，又设两广总督统辖。设府广州，使之成为广东的省治。

与前代相同，明代也是在各通商口岸设置市舶提举司管理外贸。明代前中期，只有朝贡贸易是合法外贸，因此市舶司的职能主要是负责管理贡舶往来。首先，明政府对于各国贡使往来的频率、人数以及携带贡品的数量，都有严格的限制，由市舶司负责落实，虽然未必严格执行，但总体的制约已经形成。其次，贡使入贡的手续更加完备，须凭礼部颁发的勘合文件，到港后交市舶司查验。再次，市舶司还负责对贡使所携带的贡品之外的商品进行征税，并对其交易活动进行管理。到明正德元年（1506）才开始对贡舶商品进行“抽分”，即由市舶司征收实物税。贡舶所携带的商品，则一直在市舶司的监督下与国内商人交易。这一制度发展到后来，变成市舶司指定牙行与商舶交易，并逐渐形成后来的十三行外贸体制。

到了明后期，私人海外贸易取得合法地位，市舶司对民间的出海商船，以及外商来华船只，都以货币方式进行征税，并通过牙行管理其商业活动。

与前代不同的是，明代的市舶司不是一个推动和服务于对外贸易发展的机关，而是一个落实海禁政策、对海外贸易进行严格控制的机构。就朝贡贸易而言，由于明政府实行“薄来厚往”的政策，即朝贡国往往以少量贡品换得大量赏赐，这实际上是以经济利益换取各国政府政治上的归顺，并向明帝称臣，是一笔相当不合算的买卖。所以除了明成祖，历代明帝都不太感兴趣，加上海禁政策的影响，有明一代对朝贡贸易进行严格限制，也就不难理解了。

市舶机构的设置在明代也不稳定，与是否严格禁海联系在一起。洪武三年（1370），即岭南平定的第二年，明政府在广州、泉州、明州（今宁波）三处设市舶提举司，并罢太仓、黄渡（位于今上海）市舶。但是洪武七年（1374），三处市舶同样被罢，此后朱元璋又多次严令禁海。明成祖朱棣时期（1403—1424 年），市舶恢复正常运作。到了明世宗嘉靖年间（1522—1566 年），海禁复严，市舶司只开广州一处。此后广州市舶也是时开时罢，一直到明神宗万历二十八年

(1600)，复开广州、泉州两地市舶，直至明亡。

明代设市舶司的各通商口岸中，广州的地位最为重要，有时是唯一开通的口岸。三处市舶对进港贡舶各有分管，如泉州负责接待琉球（今日本冲绳）使节入贡，明州负责日本贡使，而广州则负责占城（位于今越南中部）、真腊（位于今柬埔寨）和暹罗（今泰国）等十几个东南亚国家，这些国家在贸易规模上也远远大于前两国。民间外贸开放后，广州的地位愈显重要。

2. 海禁与郑和下西洋

唐宋之前，从无海禁之说。元代虽时有闭关禁海之举，但主要是出于军事方面的原因，着眼点不在于限制外贸。洪武七年（1374），朱元璋罢广州、泉州、明州（今宁波）三处市舶，明代的海禁政策初步推出，当时的主要目的在于限制曾与朱元璋争夺政权的张士诚、方国珍等余部的海上活动。然而洪武十四年（1381），海禁政策更加严厉，其性质已不同于以往。

朱元璋即位之初，提出不事海外征讨，对海上邻国以招徕安抚为主，这本身是十分正确的外交政策。但是洪武十四年，日本拒绝向太祖称臣纳贡，使朱元璋勃然大怒，决定除真腊、暹罗、琉球（今日本冲绳）国外，断绝与其他海上邻国的朝贡关系。此后海禁不断强化，包括禁止沿海商船出洋、禁止渔船出海，甚至连福建沿海运输食盐的船只也予以禁止，更有一个釜底抽薪的政策是，禁止沿海居民修造两桅以上的大船。也就是说，每年除了寥寥数艘贡舶允许进港外，中外海上贸易完全断绝，中国商民再也无力扬帆出海了。

从朱元璋的海禁政策可以看出，封建君主无意于建立平等友好的中外关系，而是沉溺于万邦来朝、以天下共主自居的国际关系幻象，一旦所愿不遂，所侧重的并不是国家利益，而是只在意个人尊严。在此过程中，对外贸易是服从于政治需要的，要么在朝贡贸易中不计代价，要么无视国计民生禁止商船出海。此外，统治者抱定重农抑商的传统经济观念，轻视商业利益，对商人轻易致富甚至怀有敌意，完全意识不到商业活动，特别是对外贸易活动对社会经济的巨大推动作用。在这样的统治需要和统治观念之下，明代不时出现限制外贸、限制中外交往的建议和政策。

海禁政策的后果是非常严重的，它不仅中断了正常的中外贸易，影响了中国各地商品经济的发展，对沿海人民的生计造成相当大的影响，并且造成了非常严重的政治后果。嘉靖年间（1522—1566 年），海禁政策强化，使得倭寇之乱蔓延至浙江、福建等省。

对于东南亚各国来说，中国的海禁政策虽然对其社会经济造成负面影响，但因其武力不盛、造船航海技术不高，未能对中国构成危害。但日本人以海盗方式袭扰中国、朝鲜沿海地区的情况，在元末时就已出现，中国人称之为“倭寇”。到了明代，因为日本国内战乱，许多流浪武士逃亡海上，进行海盗活动，倭乱加深。明政府为对付倭寇活动，采取了“斩脚趾，避沙虫”的措施，希望通过厉行海禁来遏制倭患，结果适得其反。嘉靖年间，因为严厉的海禁政策，大批与海上贸易有关的商人、船工，以及造船工人、渔民等无法谋生，被迫加入倭寇活动，进行武装走私贸易或在沿海武装劫掠，倭患更加深重。当时的倭寇，十人中有七八人是中国人，被称为“假倭”。直到嘉靖末年，在胡宗宪、戚继光等人的强力军事打击下，倭乱才渐渐平息。而嘉靖以后，海禁政策也日渐放松。

在明代历史上，“三宝太监下西洋”的故事是大家都耳熟能详的。“三宝太监”就是郑和，他在明成祖朱棣的派遣下进行下西洋的航海活动，而成祖的这一做法，又与朱元璋及此后的海禁政策明显相左。之所以如此，与成祖的帝位来历有关。

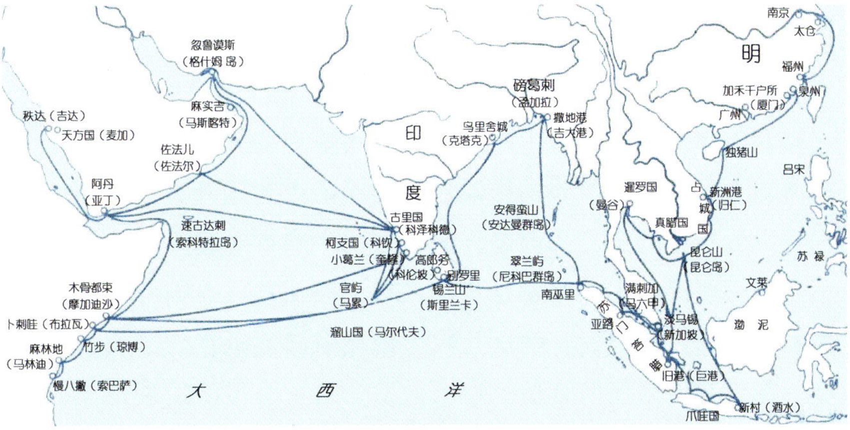

郑和下西洋航海图

（图片来源　http://pic. sogou. com）

朱元璋死时，传位给孙子朱允炆，即建文帝。然而朱元璋的第四子朱棣以“清君侧”为名，发动“靖乱之役”，实际上就是通过叛乱抢夺了侄儿的皇位。由于朱棣得位不正，国内颇有反对之声。因此，朱棣北击北元的蒙古余部，南遣郑和出使东洋（明代东洋是指东南亚地区，即后来称为“南洋”的一带）、西洋（明代西洋指印度、阿拉伯半岛、东非等印度洋地区），这些举措，明显具有转移国内视线和借助国际影响树立声威的意图。

郑和下西洋所乘“宝船”图

（图片来源　http://pic.sogou.com）

明成祖时期，在1406—1421年间，郑和曾六下西洋，在宣德五年（1430）又受明宣宗朱瞻基派遣，第七次下西洋。郑和下西洋时，所率领的是一支拥有200多艘船只的舰队，所载官卒超过2万多人，据说最大的“宝船”长150多米、宽60多米。这是当时世界上最为庞大的舰队。舰队共访问过苏门答腊、苏禄（今菲律宾苏禄岛）、彭亨（今马来西亚）、真腊、古里（今印度卡里卡特）、暹罗、天方（今沙特阿拉伯麦加）、忽鲁谟斯（今霍尔木兹）、木骨都束（位于索马里）等30多个国家和地区，最远曾到达非洲东岸和红海等地。

郑和下西洋的时间，比西方的地理大发现要早半个多世纪，在世界航海史上具有极为重要的影响，对推动沿途各国开展同中国的经贸交往有十分积极的意义。但是，除了传说中的查寻建文帝下落的目的外，郑和下西洋的主要用意是宣扬国威，招徕远人，因此仍然是不计成本和收益的。明代仅有的这几次大规模航海活动耗费了大量的国帑民脂，却没有带来任何直接的经济效益，对社会经济发展也没能发挥积极的推动作用，此后难以为继就显得顺理成章了。如果将海禁政策与郑和下西洋的举措进行比较，从本质上来说是相同的，都是统治者无视国计民生、无意于推动社会经济发展，而仅着眼于维护其专制统治的政治行为。

（二）新航路开辟与西人东来：广州中外贸易的新格局

在距郑和第一次下西洋81年后的1487年，葡萄牙人巴托洛缪·迪亚斯因遭遇大风，船只失控漂流，发现了越过大西洋而进入印度洋的好望角。在此后的20多年间，美洲新大陆和环球航行的航线相继被发现，大航海时代来临。所谓“全球化”的时代，追根溯源，就是发端于这个时候。中国与近代欧洲的接触开始了，而中西方早期的交流模式也逐渐形成。

1. 新航路的开辟及其影响

15世纪中期，奥斯曼土耳其帝国的兴起阻断了东方国家与欧洲的贸易通道，15世纪后半期，欧洲主要国家对寻找通往东方的新航线投入了巨大的热情。造船及航海技术的提高，又为梦想的实现提供了可能。当时欧洲两个海上强国——葡萄牙和西班牙，实现了人类历史的突破。

在距迪亚斯发现好望角10年后的1497年，葡萄牙人达·伽马沿着迪亚斯的航线穿过好望角，然后沿着非洲东海岸航行，最后在阿拉伯水手的指引下，横穿印度洋，到达印度西海岸的卡里库特。至此，从欧洲经非洲通往南亚、东南亚和东亚各国的航线贯通。与此同时，西班牙人坚持向西航行，寻找通往东方的捷径。1492年，哥伦布率领

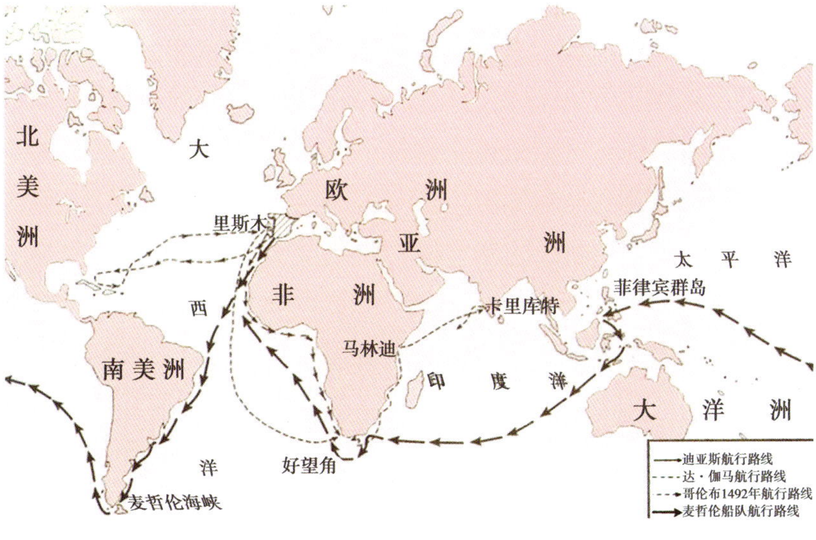

新航路的开辟

（图片来源 http://pic.sogou.com）

的西班牙船队发现了“新大陆”——美洲。1519 年，麦哲伦率领的西班牙船队开始了环球航行。船队向西进发，到达南美洲后转而向南，经过麦哲伦海峡后，又向西进入太平洋。经过一年多的航行，船队抵达菲律宾，此后又经过一年多的航行，终于返回始发地西班牙圣卢卡尔港。这是人类第一次完成环球航行。

地理大发现和新航路的开辟，使传统世界的政治、经济格局发生了根本性的变化，原先很少往来甚至是相互隔绝的全球各地，被欧洲人的炮舰、商船轰击着或拖拽着，先后卷入由欧洲人主导的世界潮流中。而其对中国最直接的影响，表现在以下三方面：

第一，欧洲各国在世界各地建立起殖民统治，而东南亚等地许多与我国通商的国家，其统治者都变成了这些高鼻深目的欧洲人。葡萄牙人沿着通往东方的航线，在非洲东西海岸和印度西海岸、锡兰（今斯里兰卡），以及东南亚的苏门答腊、爪哇等地，控制了许多军事据点，进行殖民活动。1553 年，葡萄牙人取得了租居中国澳门的权利。西班牙人则在加勒比海和南、北美洲，征服了当地的阿兹特克、印加等文明古国，建立了许多殖民地。在亚洲，西班牙控制了吕宋（今菲律宾）。17 世纪初，“海上马车夫”荷兰崛起，在马来西亚、印度尼西亚的东印度群岛地区建立了殖民统治，1624—1662 年还曾占据我国的台湾。18 世纪以后，英、法称霸海上，英国更是通过在全球各地的殖民统治，建立了庞大的“日不落帝国”。欧洲各国的殖民活动无不以炮舰为后盾，手段血腥、残暴，书写了一段罪行累累的世界殖民史。早期的殖民剥削就是赤裸裸的财富和资源的掠夺，而工业革命开始后，英、法等国则将殖民地视作原料产地和产品的销售市场，对全球贸易的发展有显著的推动作用。

第二，全球贸易航线的基本格局开始形成，广州在国际贸易中的地位愈显重要。新航路开辟前，全球主要的海上贸易活动是：欧洲和北非、西亚的大西洋东岸和地中海沿岸贸易，由阿拉伯人控制的从阿拉伯海前往印度等南亚地区的贸易，以及主要由中国商船负责的中国与东亚、东南亚等地的贸易活动。而新航路的开辟，本身就是欧洲各国推行重商主义的结果，所以此后，欧洲人大力发展外贸，并且主导了世界各地的海上贸易。最初是葡萄牙人取代了阿拉伯人对印度洋的掌控权，使欧洲商船能够向东穿过马六甲海峡，进入东南亚各地购买

香料。葡人占据澳门后，中国直接通往欧洲的航线贯通。此后西班牙又发现了经菲律宾北上，然后向东横穿太平洋，驶往墨西哥等北美地区的航线，这条航线还可以驶往日本。这样，广州除了传统的与东南亚、南亚等地区的贸易关系继续发展外，还与欧洲市场建立了直接的联系，并且成为欧洲、东南亚等地通往日本的中转站。

第三，中国与周边国家的传统外贸地位下降，逐渐被中西方的贸易所取代。长期以来，中国的社会经济发展都领先于周边地区，因此对外贸易也以中国人占据主动、向周边输出商品为主。新航路开辟后，西方驶往中国的商船逐年增加，并且大都云集广州。由于欧洲对中国的丝、茶、瓷器等商品的需求很大，又因为这些殖民者在世界各地掠夺了大量财富，购买力很强，中西贸易的规模很快就超过了中国与其他国家和地区的贸易。而且在早期的中西贸易中，中国也收获了大量的白银等货币财富，对推动中国的商品经济发展及资本主义萌芽有着积极的意义。更重要的是，在中西贸易中，西方人始终是占据主动的一方，早期是主动前来购买，工业革命发生后，又迫切地想要打开中国的大门，向中国输出产品，中国对外贸易的格局自此发生了根本性的改变。

2. 西人东来和澳门开埠

新航路开辟后，西方人终于可以抵达《马可·波罗游记》中所描绘的那个遍地黄金的中国。最初纷纷前来的西方人，一方面希望通过与中国的商贸活动大发横财，另一方面无不尝试在世界其他地方屡试不爽的殖民手段，企图以枪炮征服中国。

1504 年，葡萄牙商船就来到珠江口外。次年，葡人派出使节，希望能进京与明政府建立外交关系。此后不断有葡国商船在广东沿海游弋，这些商船在尝试与中国官员接触、争取进入广州贸易的同时，很快暴露出殖民侵略者的本性。1507 年，葡人在珠江口外的屯门岛修建城寨，并不断进行海盗活动，抢劫过往船只，后来被明军驱逐。此后数十年间，葡人一直在广东沿海骚扰，不能得逞则北上福建、浙江沿海。在明朝军民的多次沉重打击下，葡萄牙人终于意识到用武力难以征服中国，开始表现出“恭顺”的一面，在 1553 年骗取了在澳门居住的权利，并得以通过澳门与中国进行贸易。

西班牙人也不例外，曾在 1626 年占据了中国领土台湾北部的基隆和淡水，与荷兰人争夺台湾。荷兰人则曾侵扰福建澎湖列岛，又在1642年打败西班牙殖民者，占领台湾全岛，进行殖民统治。直到1662年，移师海上的郑成功击败荷兰，收复台湾，西方人在中国的殖民侵略尝试才告一段落。

早在唐代，中国就有聂斯托里派传播基督教，被称为“景教”。元政府对宗教持开放态度，当时不仅景教信徒众多，罗马教皇还派出使节来华，传播天主教。但是由于教徒多是来华外商以及一些蒙古人和色目人，很少有汉人信教，基督教并没有扎下根来。新航路开辟后，天主教的四大修会耶稣会、方济各会、多明我会和遣使会等，纷纷派出传教士，跟随商船和炮舰来华传播福音。其中影响最大的是耶稣会传教士利马窦、龙华民和汤若望等人。

1551年，传教士沙勿略登上了珠江口外的上川岛，但没能进入内地。1580年，耶稣会传教士罗明坚获准进入内地，在广东肇庆（当时的两广总督驻地）传教，并建起一座教堂。1582年，利马窦来华，他的到来对天主教在华传教事业的发展发挥了非常关键的作用。

利马窦采用了一条通过接触上层人士扩大影响的传教路线。他努力学习汉语和汉文化，以便在“知己知彼”的基础上同中国人交流。他按照中国礼节同士大夫广泛结交，争取到了较高的社会地位和评价。此后来华的传教士大多采用了这种方式。经过种种努力，利马窦终于在1601年进入北京，并得到了明神宗的青睐，开始在北京传教。除了面向宫廷皇室外，利马窦还结识了许多中国官僚士人，包括徐光启、李之藻、杨廷筠等人在内，当时有一批知名的官员、学者转而信奉天主教。但是到了1616年，天主教的

利马窦与徐光启

（图片来源　http://pic.sogou.com）

传教活动出现波折，由于受到保守官员的攻击，一些传教士被拘捕，并被遣送出境。

清军入关后，正在北京的汤若望很快与清廷建立了联系。1651 年顺治帝亲政，常召汤若望进宫，并呼他为“玛法”（满族语“亲爱的神父”），1653 年又赐予“通玄教师”的封号。到了康熙年间，耶稣会传教士南怀仁出任清朝钦天监的监正，相当于中国国家天文台的台长。这一时期，耶稣会的传教活动较少受到限制，信众人数增加到 40 多万人。

康熙末年，由于罗马教廷对耶稣会传教士允许中国教徒尊孔祭祖的做法提出异议，禁止中国教徒行祭祀孔子和敬拜祖先的礼节，并与康熙皇帝发生直接冲突，形成“礼仪之争”。1721 年，康熙下令禁教，此后自雍正至道光年间，禁令一直得到严格执行，直到鸦片战争结束。

西人东来伴随着“西学东渐”，传教士们在传教活动中也传播了西方近代科学知识。传教士们来华时，西方在天文、地理、物理、工程及军事技术等自然科学的很多方面已经领先于中国，而利马窦等人在传教过程中，又有意采用了文化传教的策略，即以西方先进的科学技术吸引中国士大夫的注意，这样，许多西方近代科学知识被传教士们翻译并传播给中国人。比如，利马窦与徐光启合译了《几何原本》、《测量法义》，又与李之藻合译了《圜容较义》等数学著作；传教士熊三拔撰写了《泰西水法》这一介绍西方水利机械方面知识的著作，并由徐光启翻译成中文；汤若望和焦勖合译了《火攻挈要》这一有关西方火器知识的著作。此外，利马窦还刊印了《万国舆图》，向中国人介绍世界地理知识。

此次西人东来，由西方人主导开展中西贸易的格局已经形成，而在西方人的传教活动中，却由于中西文化的矛盾冲突而宣告失败。最值得关注的是，中国本已拥有了学习西方先进科学技术、认识和了解西方的机会，但由于传统文化对科学技术的轻视、对宗教活动的警惕，以及儒家文化保守性的加强，使得中国失去了一次开放发展、跟上世界潮流的良机。

此次西人东来，还发生了中西关系历史上一件非常重要的事情，那就是葡萄牙人占据中国澳门。1553 年，葡人贿赂明地方官员，以“晒货”为名，上岸定居。此后葡萄牙人在澳门建房修屋，大兴土木。

当时一些西方人初到中国，往往先在澳门落脚，因此澳门一时成为西方人在华的集聚地。到了明朝万历年间，已经有1万多西方人在此居住。

葡萄牙人对澳门虽然没有任何主权，却修筑了永久性的城市设施，划地而居，设官自治，俨然一个小小的独立王国。从澳门出发，有向西通往欧洲、向北通往日本，以及向东经菲律宾通往拉美地区的三条航线，在葡萄牙人的苦心经营下，澳门与上述地区的海上贸易持续发展，并成为中国与日本、东南亚等地贸易的中转站。

当然，澳门地方狭小，而且也不像广州那样有通往内地的便利交通，因而拥有广阔的腹地，所以就中外贸易而言，澳门的地位大约相当于广州的一个外港，它的贸易繁荣以及在中西关系中的地位只是广州重要地位的反映，并且是依托于广州才获得的。

（三）桑基鱼塘与江门学派：明代广州商贸发展的经济文化条件

在明代，中国的社会经济取得了较大发展。玉米、番薯、土豆等外来优良粮食品种的引进和可耕地面积的大大增加，为明清之际中国人口的大量增加提供了必要条件，商品经济因此更加发达。明末时，江浙沿海地区的丝织和棉织等行业出现了资本主义萌芽。明代岭南的经济和文化发展到了一个新的高度，虽然不比江浙繁华，但在全国已属于“发达地区”，这为广州商贸的繁荣打下了坚实的基础。

1. 明代岭南地区的社会经济发展

西人东来时，将番薯、玉米、土豆等粮食作物带入我国，对我国农业的发展产生了难以估量的影响。这三种作物抗旱高产，对土肥要求不高，便于和小麦等其他作物间种，所生产的粮食也易于储存，很快就在全国各地大面积种植。在岭南地区，原属山地、丘陵地带不易开发的地方也因为这些作物的种植而得到开垦。珠三角一带出现大面积河道被泥沙淤填的情况，这些“沙田”很快被开垦。岭南地区的人口密度在明代开始达到并超过全国平均水平。

明代时，岭南传统的花卉、果蔬、甘蔗等经济作物的生产仍持续增长，茶叶的种植面积较以往大大增加，比如河南（今海珠区）遍种茶叶，所产的“河南茶”颇为知名，西樵山更有“茶山”之称。此外，棉花、花生、烟草等经济作物也在岭南得到广泛种植。值得注意的是，这些经济作物的种植商品化程度很高，还出现了区域化和专门化的趋势。

最值得一提的是桑基鱼塘生产模式在珠三角地区的普遍推广。桑基鱼塘是珠三角地区农民发明的一种先进的生产模式。农民在挖深鱼塘时，用余土在塘四周垫高成基田，并在基田里种植桑树、在塘内养鱼。在生产过程中，桑树可以养蚕，蚕沙（蚕粪）可以喂鱼，鱼塘里的淤泥又可以用作桑树的粪肥，这样一来，种桑、养蚕和养鱼就形成了一个良性的人工生态系统。使用桑基鱼塘的生产方式，男、女性都能参加生产，各项生产任务也被合理地分配到不同的季节，极大地提高了土地和劳动力的使用效率，促进了社会经济的发展。

桑基鱼塘

（图片来源　http://pic. sogou. com）

与桑基鱼塘相类似的还有“果基鱼塘”、“蔗基鱼塘”等，而桑基鱼塘成为农民主要采用的生产模式与广州对外丝绸贸易的发展有着显著的关系。到了清初，许多地方出现了“弃田筑塘，废稻树桑”的情景，以至于珠三角地区粮食生产不足，慢慢变成了粮食输入地。

明代岭南的手工业同样堪称发达。在珠三角一带，除丝织、制糖等传统行业外，冶铁、制陶以及“广雕”等行业的发展尤为出色。

“春风走马满街红，打铁炉过接打铜”，这是流传最广的描写明代佛山冶铁业的两句诗。诗人的描写一点儿也不夸张，当时的佛山忠义乡（今佛山禅城区）街头，整条街都红红火火，满是炒铁（冶铁）和铸造铁器的铺户。

佛山铸铁钟

（图片来源　http://pic. sogou. com）

铸铁产品中，以铁锅最为闻名，宫廷大内也要在这里采办“贡锅”，外国商人更是成千上万地贩运。铁钟市场广大，也是一项重要产品。其他如刀、剪、锚、犁等生产、生活用品，无一不备。

石湾公仔

（图片来源　http://pic. sogou. com）

“石湾瓦，甲天下”，明代时石湾（今佛山石湾镇）陶瓷就有了这样的美誉。明代石湾的陶瓷生产已不再像宋元时以仿制北方名窑为主，而是在工艺和艺术等方面都形成了独有的特色。其产品除生活用品外，还有“石湾公仔”等艺术陶瓷。石湾公仔是传统国画、雕塑等艺术和陶瓷工艺的完美结合，作品大多包含了浓郁的岭南风味，深受群众喜爱。

西方人对“广彩”的追捧，使广彩生产快速发展。广彩是指广州河南（今海珠区）一带烧制的织金彩瓷。明代时，广州陶瓷工匠就通过学习西方的“金胎烧珐琅”技术，创制了“铜胎烧珐琅”，并将这种技术运用到瓷器烧制上，制作出著名的“珐琅彩”。广彩制作精美，看上去像是由金丝镶嵌的白玉，上有色泽艳丽的图案，十分华贵。到了清代，广彩生产中还出现了这样一种现象：由外商提供瓷器的造型、图案和规格大小，而广州的瓷商从景德镇买回白瓷坯，按照景德镇的技法，加画外商所要求的彩绘，烧制成广彩出售给该外商。这种现象反映了岭南手工业生产已经与外贸活动建立了紧密的联系。

广　彩

（图片来源　http://pic. sogou. com）

广雕包括牙雕、玉雕、木雕和榄雕等。源源不断从非洲运来的象牙和从缅甸等地运来的玉石翡翠，使广州的牙雕和玉雕业在明代极为兴盛。广州牙雕又称“南派牙雕”，在技法上重视雕工，以镂空、透深等雕法闻名，并常将象牙雕刻与紫檀、犀角、玳瑁等材料巧妙地镶嵌在一起，造型更加美观。牙雕产品大多是笏板、文具、梳具、折扇、筷子等用品，项链、耳环、戒指等饰物，以及象牙球、花舫、蟹笼、花瓶、鸟兽、人物等各类玩赏。

其中镂空雕刻的象牙球最多可达50多层，而且每层都可以转动，可见技艺之高超。广州的民间玉器加工在明代时同样非常繁荣，在技法等各方面与牙雕都颇有相似之处。明代广州的酸枝家具，即北方所谓“红木”家具生产兴盛，并推动了广州木雕刻工艺的发展，使之与“京式木雕”、“苏式木雕”并驾齐驱。榄雕则是指用特产于广东增城等地的乌榄的榄核，以微雕刻制出榄核船。明代时僧人常将榄核船出售给香客，表示“普度众生”的意思。榄雕名作《苏东坡夜游赤壁舫》，所雕船上共有苏东坡等5人，每人表情各异，栩栩如生。船的两旁有8扇花窗，都可以开合，船底还刻有537个字的《前赤壁赋》全文，同样是民间艺术中的瑰宝。

广式牙雕

（图片来源 http://pic.sogou.com）

广州与佛山一带的中药炮制和中成药制作，在明代成为一项重要产业。比如佛山名医梁仲弘，在明万历年间研制出专治幼儿惊风抽搐的成药“抱龙丸”，被誉为“婴孩圣药”。因为抱龙丸用蜡丸封装，所以梁氏开办了“梁仲弘蜡丸馆”来进行销售。同样是万历年间的1600年，广州有陈、李二姓合作创办的“陈李济”药店，这家老店历经400多年风雨，至今仍在运营，是世界上历史最悠久的制药厂。陈李济生产的乌鸡白凤丸、壮腰健肾丸、咳喘顺丸等，数百年来始终畅销。

明代岭南地区农业、手工业的高度发达，对推动这一时期广州外贸的繁荣兴盛，显然发挥了非常重要的作用。

2. 明代岭南地区的文化发展

明代以后，岭南地区的科举开始兴盛起来，珠三角一带更是文风颇盛。有明一代，仅广东就有800多人考中进士，并出现了3名状元，其中有2人来自珠三角地区，其频率、密度在全国已居中上游的位置。

科举的兴盛，实际上反映出了岭南地区的文教事业已经发展到较高水平。

最能代表岭南明代学术发展成就的，是陈献章、湛若水、黄佐、邱浚等儒学大家的出现。陈献章，江门县白沙村人，世人称他为“白沙先生”，他的学术思想又被称为“江门学派”。陈献章年轻时曾北上游学，回乡后又闭门苦读十年之久。据说他在名为“春阳台”的书房里读书，往往几个月足不出户，所需衣服饮食都是让家人从墙壁上凿开的洞里送进去。学问大成后，陈献章北上京城，在与太学（相当于现在的中国社会科学院）官员、士人交游过程中，赢得了“真儒复出”的声名。此后陈献章返乡授徒，学生中有不少人大有成就。其得意门徒湛若水与他齐名，后人将他们合称为“陈湛”。陈献章去世后，明孝宗诏令从祀孔庙，就是在孔庙里立陈献章塑像于孔子像边，一同享后人祭拜。他是岭南地区唯一可以从祀孔庙的人，后人提及“岭南一人”时，说的就是陈献章。

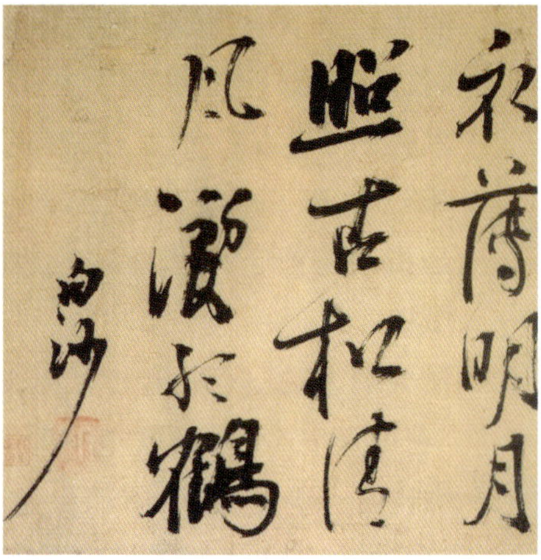

陈献章书法

（图片来源　http://pic.sogou.com）

除陈献章外，明代岭南的文化名人中，还有曾任礼、吏、兵等部尚书，人称“甘泉先生”的增城人湛若水，他师从陈献章，对其学术有所延展。此外，又有被后人称为“明人之中，学问最有根底”的香山人黄佐，以及明末清初时诗坛的“岭南三大家”，即梁佩兰、屈大均、陈恭尹三位大诗人。这些文化名人的活动以及他们所取得的文化成就，反映出到了明代以后，岭南地区不再像以前仅仅是被动地接受和传承中原文化那样，而是对传统汉文化有所发扬和促进，对中原地区的文化发展也反过来产生影响和推动作用。

作为番舶会聚、五洋杂处的通商口岸，广州地区的文化发展，自然免不了受到西方文化的影响和冲击。

最早的交流，应当是洋船上的红发水手和小渔船上的疍家妹妹（疍家人又叫“疍民”，是岭南地区的水上居民，以渔业、小商业等为生）之间进行的交流，一个比划手势，一个咿咿呀呀，就这样完成了买卖。然而两三年之后，情形就发生了变化，史料中很快就有了疍民、水果小贩与外国人进行买卖交易，用外语流畅交谈的记载。慢慢地，“广东英语”出现了，并成为华商、外商交易往来的工具。许多外语的词汇“入侵”粤语的现象，在这时开始出现。

广州离澳门不远，所以广州人对外国人并不陌生。特别是在贸易季节，大街小巷里经常会出现闲逛的外国人，与中国居民有时和睦相处，有时也会吵闹冲突。屈大均有一些诗描写了居住在澳门的外国人的生活情况。这些都说明广州人已经接纳外国商人、水手，以及外贸活动等作为城市生活的一个组成部分。

传教士们在广州的遭遇汇集了中西文化交流时的各类反应。比如罗明坚到广州后，因为能用汉语与官员们交流，并按照中国礼节与人交往，所以得到地方官的好感，获准在广州居留。而在他居住广州期间，有表示好感的中国人给他送钱送物，也有人进行敌意的攻击。但是天主教的传教事业发展迅速，到清康熙三十一年（1692），四大教会在广州都修建了教堂，有教徒上万人。直到康熙年间实行禁教，形势才发生逆转。

明代岭南地区的社会文化发展，深刻地反映了这一时期岭南经济高速发展，以及中国人在面对西方文化时或抗拒或接受的历史状况。

（四）“广货”与“定期市”：明代广州的商贸活动

虽然受到了禁海令的种种制约，但是由于明代社会经济，特别是商品经济高速发展的推动，也由于新航路开辟后中西贸易的刺激，明代时广州的国内外商贸活动仍然以不可遏制的势头向前推进。

1. 明代广州与内地的商贸活动

明代的广州城较前代更加繁华，其地域空间较前代亦有所扩大。明朝初年，广东地方官员将宋代三城合而为一，并将广州城北扩，使城墙沿越秀山脊而筑，并在城墙最高处修筑了五层高的镇海楼（因为在楼上可以远眺珠江，最初名为“望海楼”），后来被广州人称为“五层楼”，直到新中国成立后的很长时间它都是广州的地标建筑。由于泥沙淤积，珠江北岸南移到现在的万福路一线，明人又沿江岸修筑城墙，将宋代东城以南至珠江北岸的地方圈为“新城”。清代时，珠江北岸继续淤填，江岸南移到现在一德路以南一线，地方官员又在明代新城的东西两侧延筑城墙，建成东、西鸡翼城。

宋代的南濠，到了明代被改称为“玉带濠”，沿玉带濠一带是当时广州的消费、娱乐和购物中心，集中体现了明代的商业繁荣。屈大均如此描写当时的玉带濠两岸：“朱楼画榭，连属不断，皆优伶小唱所居……隔岸有百货之肆。五都之市，天下商贾聚焉……花鸟如海，番夷辐辏，日费数千万金。饮食之盛，歌舞之多，过于秦淮数倍。”按照他的说法，这里有高档会所，有购物中心，有国际金融企业，有外商俱乐部，还有美食城、电影院、知名品牌专卖店，等等，比法国的香榭丽大道还要浪漫时尚。如今的玉带濠，却被铺盖上厚厚的水泥路面，下面是一条排水暗渠，上面是一条幽静小巷了。每天走在这条幽静小巷里的人们，有几人能想象到它昔日的繁华呢？

镇海楼

（图片来源　http://pic. sogou. com）

西关一带在宋代时是泥沼洼地，所以得名“半塘”，意思是有一半地方是水塘。到了明代，半塘渐渐填塞，名称改做“泮塘”，居民也日益密集。明人又在西门外修建太平桥，方便人员往来进城，于是西关就变成了热闹繁华的商业区，据称拥有“十八甫”，也就是有十八条商业街之多。

如同今天的一德路专卖海鲜干货、桂花岗集中了皮具制品一样，明代时广州也形成了一些单一商品集中的批发市场，被称为“栏”。比如荔湾区有一条“杉木栏路”，可见当时是杉树木材的批发市场。小商贩们小本经营，去“栏”里批发花卉、果蔬，转手卖给市民，也可以赚得一家温饱。

在广州附近，宋元时期发展起来的墟市集镇更加繁荣，而且数量也不断增加。佛山在明代时异军突起，以冶铸、陶瓷、纺织、中成药等行业闻名全国，既与朱仙、汉口和景德三镇齐名，被合称为“四大名镇”，又与北京、汉口、苏州并列，合称“天下四聚”，完全不能再用普通集镇的眼光来看待它了。

明代广州与内地的贸易，因为各种从西方进口的“洋货”如钟表等，更因为“广货”声名鹊起而变得异常兴盛。明代时的“广货”不仅是指岭南特产，还指广州一带生产的各类手工制品，比如佛山的金属制品，广州的干鲜岭南水果、玉器和象牙等广雕产品、中药材和中成药、广式的酸枝家具和木雕产品，等等。

此外，在广州与内地贸易中较为引人注目的商品，还有糖制品和鱼花。明代时广州附近的甘蔗种植业与广州的制糖业相互促进，糖制品种类更多。如有号称“细若粉雪”的精制绵白糖，还有如冰糖、红砂糖、黑片糖等，在内地都十分畅销。鱼花就是鱼苗，南海九江（今佛山九江镇）所产的鱼花不仅行销全省，而且远销福建、江西、湖南、广西等周边各省。

从这些贸易情况可以看出，明代的广州不仅商业发达，而且是一个在农业、手工业等方面都处于全国领先行列的城市了。

2. 明代的广州外贸

明代海禁虽严，广州的对外贸易也不时受到影响，特别是走私贸易对正常外贸构成了很大的冲击，广州更难独善其身。但是在整个明代，由于贡舶贸易并未断绝，广州的外贸没有中断，并始终保持其外贸第一大港的地位。特别是西人东来之后，随着澳门开埠，广州在中外贸易和国际贸易中的地位越来越重要。

新航路的开辟使广州的外贸伙伴遍及全球。除了传统的东南亚、南亚和西亚地区各国外，由于自印度果阿经好望角驶往欧洲航线的开通，广州与欧洲各国建立起了直接的联系。先是葡萄牙，再是西班牙、荷兰，然后又有英国、法国、瑞典、丹麦等，各国的商船纷纷驶入广州。西班牙的大帆船还控制了从广州到菲律宾的马尼拉，经马尼拉向东横穿太平洋，驶抵北美洲的太平洋西岸，然后沿岸南下抵达拉美和南美各地的航线，将广州与美洲大陆联系起来。由于明中期后对日本实施严格的海禁，葡萄牙和西班牙人利用澳门作为广州的外港，开通了自广州经澳门，然后驶往长崎等地的航线，又将大量中国商品贩运到日本。

由于贸易伙伴遍及全球，进入广州的外贸商品自然也来自世界各地。来自东南亚的，主要还是传统的翡翠、玛瑙等玉石，以及丁香、沉香、黄花木、花梨木、孔雀等香料和贵重木材、珍禽异兽等，此外，燕窝、鱼翅等海外珍馐也进入了广州人的美食谱。值得注意的是，由于明清时中国人口猛增，粮食供给出现不足，稻米逐渐成为广州从暹罗等国进口的重要商品。来自日本的物品主要有铜、海参等海产品、扇子、日本刀等。而象牙、犀角等宝玩，以及没药、血竭、葡萄酒、橄榄油等药材和日用品，仍然主要来自非洲和西亚等地。

自欧洲而来的产品日渐增多，并很快成为进口商品的主体，其中主要有玻璃、西洋铁、毛织品、毛皮、西洋参等。最受中国人喜爱的，是洋酒、香水、望远镜、怀表等，但总的来说所占贸易额比例很小。《红楼梦》里让刘姥姥受到惊吓的自鸣钟，从明代开始就通过广州销往内地，士大夫们一边批判这些奇技淫巧，一边求贤若渴、网罗搜求，明清两代的皇帝也常常下令让广东官员采买进贡。当明军还将努尔哈赤的军队阻挡在山海关外的时候，明统治者曾经通过葡萄牙人购买了不少西方的火枪、火炮，并以此重创清军。但是很显然，先进武器并没有挽救这个没落王朝的命运。

从广州出口的商品中，丝绸、瓷器仍是大宗。通过马尼拉运往北美的西班牙“大帆船”上，通常都装载了大量江浙、广东出产的丝织品，所以这一条航线也被称作“太平洋上的丝绸之路”。从生丝向西方国家出口的数量逐年增长的情况来看，欧洲的丝织业也在中西丝织品贸易的刺激下开始成长。石湾陶瓷、广彩等瓷器在欧洲畅销不衰，广东的阳江、肇庆等地也开始在沿海一带修建瓷窑，烧制瓷器。景德镇、龙泉等地出产的瓷器也需要假道广州出口。土布在欧洲各国都有很大市场，到了清代以后，出口量还曾大幅增长。

其他出口商品种类繁多。比如每当中药、纸张等物品运到日本、东南亚各处，很快就会销售一空；佛山的铁器制品在全世界都有销路；带有神秘东方文化色彩的杭州折扇是欧洲宫廷贵妇们必不可少的装饰品；而白糖、大黄、蜂蜜、麝香、樟脑等类商品，虽然看上去销售数量不大，但是却渗透到世界各地人们生活的方方面面。

整体看来，这一时期外国输入中国的主要仍是农产品、自然矿产等，工业、手工业制成品所占的比例较低。但是欧洲人一来，这一格局也开始发生变化。而中国的出口商品中，手工制品占据了较大的比例，并且丝、茶、瓷器等产品在国际市场上占有明显优势，形成了很大的外贸顺差。外商来到广州，需要携带大量白银，以便采购数量庞大的商品。

葡萄牙人初到广东时，明朝的广东地方官员采用了“定期市”的外贸形式，也就是允许葡人在澳门居住，并允许他们每年夏、秋两季到广州进行外贸交易。“定期市”的地点在海珠石上，时间长短则根据交易的情况而定，有时候只有十多天，有时候长达两三个月不等，由外商与中国商人进行交易。可以说，这是“广交会”最早的形式。很可惜，海珠石这个见证了最早的广交会、重要的自然和人文景观，却在民国时候因为疏通珠江航道被炸掉了。这实在让人遗憾！

外国明信片上的海珠石
（图片来源 http://pic.sogou.com）

对于“定期市”的管理，主要是由广州市舶司进行征税和监管，并由市舶司指定“牙商”与外商进行贸易。后来，牙商的作用越来越重要，并形成自己的组织——“牙行”。1556 年，广东海道副使汪柏又建立了一个名为“客纲”的牙行机构，负责管理各牙行与外商的贸易。明代后期，到广州来的西方商人越来越多，地方官员将他们安排住进负责接待藩属国贡使的“怀远驿”（位于今十八甫街怀远驿巷），并通过牙行商人进行外贸交易。这样，市舶司不仅按照既定职能管理贡舶贸易，还以通过牙商管理外商的形式，对中西民间商贸进行管理。而这种中西贸易的管理模式后来被清代所继承，变成十三行外贸管理体制。

与此前历代相比，明代封建统治者对商贸活动产生了明显的疑虑，特别是外贸政策出现逆转，趋向于对外贸活动进行控制和约束。由于政治、军事、外交等多方面原因，严厉的海禁政策也曾被严格执

行。新航路开辟后，西人东来，由于西方人所到之处都努力进行殖民扩张，对中国沿海时有侵扰，不可避免地引起了中国人的警惕，统治者更竭力对其在华活动进行限制。这就使得中西之间的政治、文化交流被“冷冻”起来，中国与当时世界上其他先进、发达的地区之间树立起了一道厚厚的墙。但在另一方面，明中期以后，中国的商品经济高速发展，在丝织业等领域还出现了资本主义萌芽。与此同时，开辟了新航路的欧洲各国大力开拓海外贸易，中国也同样不可避免地被卷进这一历史潮流。在这种情形之下，国内的商品贸易异常兴盛，而对外贸易也以难以遏制的势头迅速发展。广州更因为被置于中外贸易的最前端，而成为国内外贸易发达的繁华都市。

四、一口通商

——清代前中期的国贸名城

洋船争出是官商，十字门开向二洋。五丝八丝广缎好，银钱堆满十三行。

——（清）屈大均《广州竹枝词》

屈大均的这首《广州竹枝词》，描写了清初珠江口十字门中外贸易的繁荣景象，以及承揽中西贸易的十三行日进斗金、富甲一方的情形。清代前期，先是因为战乱，对外贸易处于不稳定状态，清统一全国后才开放四口通商。到了1757年，清廷限定一口通商，此后一直到鸦片战争前，中西方贸易只在广州一口进行，使广州变成当时闻名世界的国际贸易大都市，而经管中西贸易的十三行商人，在海外贸易中也一时叱咤风云。

（一）一口通商与十三行：清代前中期广州的外贸体制

因为战乱，清初中外贸易并没有形成稳定的格局。而满族人建立起对全国的统治后，最初实行四口通商。但作为一个少数民族政权，满族统治者对汉人与其他民族联合起来进行反抗存有很大的戒心，所以将限制对外贸易、减少中外接触，以避免汉人与外人相互“勾串”作为孜孜以求的目标。一口通商格局就是在这样的背景下形成的。

1. 清代前中期广州的外贸格局

1636年，皇太极将满族建立的政权国号改为“大清”。1644年，清军入关，顺治帝迁都北京，清朝开始了在全国的统治。1661年，隆

武政权的永历皇帝被俘杀，清军肃清了活跃于两广、云贵一带的南明势力。1681 年，康熙皇帝平定了“三藩之乱”，清廷完全控制了云南、广东和福建等省。到了 1683 年，清军出海进入台湾，台湾的郑氏集团降清，清朝统一全国。

清朝的政治制度大多沿用明制，行政层级设置和区划同样如此。在岭南地区，清廷最初虽曾置藩，但同时也置广东、广西两行省，以巡抚为地方长官，又设两广总督统辖。“三藩之乱”平定后，对岭南的行政管辖与内地各省相同。

清初的外贸活动，情况较为复杂。南明政权活跃时，控制了岭南沿海的对外贸易，尤其是郑成功集团在福建沿海有大规模的外贸商业活动。郑氏据守台湾后，仍然有赖于商业收益来支持其抗清活动。而尚、耿二藩控制广东、福建后，不仅掌握了广州、泉州的传统市舶之利，甚至亲自组织外贸经营。

为对付郑成功的海上抗清活动，清初的外贸通商受到了严格的管控。顺治时期，清廷曾多次下令禁海，除了朝鲜、琉球（今日本冲绳一带）等少数国家外，其他藩属国的贡舶贸易也被勒令停止。顺治十八年（1661），清廷下达了“迁海令”，即将沿海各省居民向大陆内迁四五十里，在沿海地带制造出一个无人区，以此来禁止大陆对台湾的接济和供应。

康熙元年（1662），清廷开始残酷地实施迁海令，执行最为严厉的福建等省，其沿海城寨等设施和居民的房屋、船只统统被焚毁，在距海 50 里处重新立界，界外的土地也禁止耕种。此后的康熙四年、康熙十年，清廷两度重申禁令。

1684 年平定台湾后，清廷取消海禁，允许商民出海贸易，并于次年开放松江、宁波、泉州、广州 4 个口岸，接纳外船入港。由于外国商船到宁波等北方港口活动频繁，尤其是英国人凭恃武力，不愿服从清政府官员种种严格的约束，常常“干犯禁例”，乾隆皇帝对此非常不满。1757 年，乾隆下令关闭江、浙、闽三海关，只留广州一口通商。此后直到鸦片战争，中西贸易仅限于广州一口（加上附属于粤海关的澳门）。

清廷在广州等通商口岸设立市舶机构，为江、浙、闽、粤四海关。一口通商后，粤海关负责除琉球（今日本冲绳）外的所有海上藩国的贡舶贸易，以及以西方国家为主的所有非贡国的外贸。

清代海关对外贸活动的管理非常严格。清廷对外贸不事招徕，既不组织官方的商业航海，也不允许官员从事对外贸易。对于民间外贸，在商船大小、商品种类，甚至出海时携带的粮食、淡水上都有严格限制，这些极大地制约了中国商船的海外贸易活动。值得注意的是，日本在差不多是清初至第二次鸦片战争这段时间里，也采取了“闭关锁国”的政策，不与其他国家贸易往来，只允许荷兰和中国的商船在长崎一口贸易。这样，中国的民间商船在日本的对外贸易中发挥了相当重要的作用。

对于海外藩国，清廷同样采用“薄来厚往”的朝贡贸易，因此朝贡贸易对清政府的财政构成一定的负担，清廷有意加以控制。除了琉球（今日本冲绳一带）等少数国家外，对其他大多数藩国来华贡舶的次数、贡使人数、贡品数量等都有明确的限制。

清代粤海关

（图片来源　http://pic.sogou.com）

粤海关将与西方国家的外贸活动归到“互市国”的体制下进行管理。除了对西方商人的进出口贸易活动进行征税外，对其商船进出港还建立了严格的“请票”和“给牌”制度，即需要履行手续领取“通关文书”，才准许出入。澳门的葡萄牙商船也归粤海关管辖，只是手续上稍有不同。对西方商人在广州的外贸交易活动的管理，以及对外商的约束管理，粤海关采用了十三行行商的管理体制。

2. 十三行与清代前中期的中西贸易管理

十三行是一个约定俗成的称呼，在明代就已经出现，并不是指有十三家商行。最初十三行只是指被指定为承揽外贸的商行的组织，主要任务是协调商行与外商之间的外贸商业活动。清初负责对西方国家贸易的“洋行”还是沿用了“十三行”的俗称。粤海关成立后，正式赋予十三行在外贸管理方面的很多职能。

十三行的行商对中西贸易的管理，从外国商船到港办理报关手续就开始了。外船到港，船长或大班（商务经理）需要与特定的行商，也就是愿意为其担保的保商联系，由保商派出通事（翻译）赴粤海关代办各项通关手续。外船入关后停泊黄埔港，所有卸货、装货等都须经通事、买办申请后才能办理。外船报税、缴纳各项“船钞”和“货税”等税收以及其他费用、领取准许出港的执照等手续，也都是由保商负责到粤海关代办。也就是说，外商在进出港、交易过程中必须履行的一切行政手续都是由行商负责代理的。

在珠江上运输进出口货物的“西瓜扁艇”

（图片来源　http://pic. sogou. com）

在外商进行进出口的买卖交易时，行商垄断了绝大多数商品的交易权。茶叶、生丝等大宗商品及珍珠、宝石等高价、高利润的商品，外商必须通过行商经营。非行商的“行外商人”只能直接同外商买卖丝绸及一些小件商品。交易的过程在十三行的商馆进行，而货物的交割则多发生在黄埔港的货栈或外船上。进出口货物往来十三行货栈和黄埔商船的运输则由行商的“西瓜扁艇”负责。

行商还必须对到港外商、水手的行为负监督、管束的责任。外船到港后，除了大班等少数几个人可以到广州贸易外，其他水手必须留在船上，不得随意上岸。清代中西贸易虽不采用“定期市”的方式，但是由于茶叶、生丝等出口商品多为季节性的农产品，而西方船只也要借助印度洋和太平洋上的季风才能扬帆往来，所以中西贸易还具有季节性的特点。每年八、九月份外船到港，第二年二、三月份返航，到这个时候大多数贸易就已经结束。清政府要求贸易结束后，西方商人不得在广州停留，而是必须集中到澳门居住。在交易期间，外商必须住在十三行的商馆里，无故不得外出骚扰，所需要的食物、日用品由买办代为采购。清政府对外商在广州的活动也有各种各样的限制，比如说不得乘坐轿子，外国妇女只能待在澳门而不能到十三行居住等。如果外商出现“不法情事”，保商要负连带责任。

十三行的行商建立了“公行”组织，并由实力最强、最孚众望的行商充当“商总”，也就是行商的首领。行商遵照公行的行规同外商贸易，避免了内部的恶性竞争。而商总也能够协调行商之间、行商与外商之间的关系。由于外商常使用通过向行商放高利贷的手段来控制行商，而行商又受到粤海关的监督以及广东地方官员非常沉重的勒索、盘剥，因此行商一旦经营不善，极易破产。公行的另一个重要作用就是负责清理破产行商所欠的外债。

粤海关专在澳门设立了一个税口，即“澳门总口”，对居住在澳门的葡人的外贸活动进行管理。清政府对葡商给予了一定的优惠，比如只征船税不征货物税等。葡人最初的进出口贸易也是由广州十三行承揽，后来因为十三行无力兼顾，改为由在澳门的中国商人所组织的牙行负责。其贸易过程和手续等都与十三行外贸相同。

粤海关官员丈量外国商船图

（图片来源　http://pic. sogou. com）

粤海关对中西贸易的直接管理只是在外船到港时派人上船稽查有无走私，并丈量船只，此外最重要的一件事就是海关官员登船收受陋规（指官吏索贿受贿）了！其他所有外贸活动的管理，都是假手于行商来进行的。粤海关或广东的地方官员一般不直接与外商交涉，所有行政命令通过行商下达，宫廷、政府采购也是由行商代理。外商有特殊事务需要同粤海关或地方官员交涉时，也必须通过行商提交书面申请。

在中国的传统观念中，国际关系的概念是由“天下”所代替的。在天下，中国是天朝上国，其他蛮夷诸邦必须向中国皇帝称臣纳贡，这样就建立起了以中国为核心的“天下”秩序。但是西人东来后，这些“蛮夷”却不肯臣服。英国曾经派出马戛尔尼使团访问中国，却因为英国使臣不肯向乾隆皇帝行三跪九叩之礼而闹得很不愉快。实际上，西方人是想按照西方的模式，建立中西平等的国家关系，但当时的中国人妄自尊大，哪肯接受！在西方人不愿接受朝贡贸易体制，而中国又不愿与西方平等往来的情形之下，如何处理中西贸易关系就成为一个伤脑筋的问题。

英使马戛尔尼拜谒乾隆图

（图片来源　http://pic.sogou.com）

完全断绝中西贸易并不是中国理想的选择。首先，这些蛮夷武力很强盛，难以折服，若被拒之门外他们必然会骚扰沿海；其次，中外贸易有益于国计民生，清廷毕竟不能完全不加考虑；再次，外贸关税等各项收入，对于清廷来说也是不小的诱惑，而且对那些“奇技淫巧”的舶来品，为君为臣者全都爱不释手。因此，既维护中外体制，又实现中西贸易，才是最理想的解决办法。

一口通商，并精心设计由粤海关通过十三行来管理中西贸易的体制，就是解决问题的理想办法。在这个体制下，一方面，西方人被局限于广东一隅，远离中原腹地和北方的政治中心，其影响力大打折扣。清政府后来还拟定了许多《防范外夷章程》，使中西民间交往受到严格限制。另一方面，西人既然不肯朝贡，那么就只能是“互市”的关系。借行商来进行管理，既有助于外贸活动的顺利实施，也避免了与西方国家建立难以定位的官方关系，如此一来就两全其美了。

就行商而言，在管理外贸活动的过程中，必须代外商处理各项事务，这种代理既是权利又是义务，使他们在外贸活动中承担很大的责任。但是十三行垄断对外贸易，商业利润非常高，所以人们还是乐于充任行商。清初社会经济发展迅速，外贸也有快速增长，一些行商经营得法，短时间内即成巨富。

（二）东印度公司与“哥德堡号”：清前中期的广州外贸

粤海关设立，特别是一口通商的地位确立后，广州以其得天独厚的优势，对外贸易迅速发展。到了清代后，除暹罗、越南等少数国家仍与中国保持朝贡贸易外，其他大多数中国传统的藩属国，或者如印度等与中国有传统贸易关系的国家，都已经沦为西方国家的殖民地，与中国的贸易活动已由宗主国控制。因此，这一时期广州的外贸主要是与西方国家之间的往来。

1．广州的主要外贸伙伴

进入清代，葡萄牙、西班牙等原来的海上强国已经衰落，英国成为新的海上霸主，并成为中国最重要的贸易伙伴。美国独立后，对华贸易发展迅速，地位很快就上升到仅次于英国。由于这一时期的中西贸易对外贸商人的资本以及抗风险能力要求很高，所以西方国家大多组织了有官方背景的各种“东印度公司”来承担或者是垄断与中国的贸易。

英国东印度公司

（图片来源　http://pic. sogou. com）

英国在 1588 年击败西班牙的无敌舰队后取得了海上霸权。此后，国内资本主义的发展与海外殖民扩张相互推动，使英国迅速成为世界第一强国。1600 年，英国成立东印度公司，专事经营印度殖民地和开拓对华贸易。1684 年，清廷开四口通商。1699 年，东印度公司的商船就进入广州。1715 年，东印度公司在广州开设商馆，中英贸易迅速增长，到了 18 世纪末，英国东印度公司对华的贸易总额已经超过其他欧洲国家对华贸易额的总和。

英国对华贸易的发展与其在印度的殖民开发有很大关系。当其他欧洲国家来华贸易都需要携带大量白银以弥补贸易逆差时，英国东印度公司通过将在印度种植的棉花、鸦片输入中国，平衡了从中国购买茶叶等各类商品时所产生的货币需求，使得英国人在与其他国家的商业竞争中占据了很大的优势。

在中英贸易中，还夹杂着英国与其殖民地印度之间的“港脚贸易”。当时的英国散商、巴斯商人等，不能与东印度公司竞争，从中英贸易中获利，只被允许从事中印之间的鸦片贸易等。不过到了鸦片战争前，散商通过鸦片贸易实力大涨，又迫使英皇室在1833年取消了东印度公司对中国和印度贸易的垄断权。

明代中期时荷兰人就活跃于中国沿海。1602年，荷兰也成立了东印度公司，并以购买中国商船，将商品贩运到其殖民地巴达维亚等地再转运到欧洲的方式，进行中西方的转口贸易。清初时，荷兰人通过贿赂藩镇广州的镇南王尚可喜等人，取得了定期进行朝贡贸易的权利。1729年，荷兰东印度公司在广州设立商馆，与英国的东印度公司曾有过激烈的商业竞争。在一口通商初期，每年都有四五艘荷兰商船驶抵广州，对华贸易的规模仅次于英国。但是，到了18世纪末，荷兰在与英国进行的几次战争中都告失败，荷兰东印度公司的商船也常受到英军袭击，损失很大，不得不于1798年宣布破产。此后，荷兰的对华贸易日渐式微。

法国人在1664年创建了东印度公司，后来改称“皇家印度与中国公司”。但是由于法国与英国在印度的殖民竞争中失利，对华贸易处于不稳定状态，有时候甚至好些年都没有商船来华。19世纪初，法国商船来华数量逐年增加，但仍远远落后于英、美两国。

新“哥德堡号”

（图片来源　http://pic.sogou.com）

瑞典的东印度公司成立于1731年，第二年就派出“弗雷德里刻国王号”前来广州。在此后瑞典东印度公司组织的上百次前往亚洲的商业航行中，绝大多数都是往来于哥德堡和广州之间。当然，说到清代的中瑞贸易，不得不提“哥德堡号”。1745年9月，瑞典商船“哥德堡号”即将驶入哥德堡港，完成她的第三次中瑞航行。然而就在离岸约900米远的家门口，她却离奇地触礁沉没了！当时“哥德堡号”上满载的茶叶、瓷器和丝织品等，价值几乎相当于瑞典全年的国民生产总值！1984年，“哥德堡号”沉船被考古工作者发现，很快就吸引了全世界关注的目光。从沉船上一共打捞出 400 多件完整的瓷器，每一件都堪称珍宝。据说由于茶叶封装良好，一些茶叶被打捞出来后，还可以闻到迷人的芬芳，完全能够饮用。2003 年 6 月，瑞典人又费了十年之功，按照 18 世纪制造“哥德堡号”的原有工艺、材料，仿制出一艘新的“哥德堡号”。2006 年 7 月 18 日，新“哥德堡号”抵达广州，广州人以盛大的焰火晚会来欢迎她。“哥德堡号”的传奇故事告诉世人，互利互惠的商业活动不仅有助于双方共同发展，而且还承载了国家以及人民之间的友谊和情感。

1783 年，美国取得了独立战争的胜利。第二年，美国人就派出了一艘由旧海军战舰改装而成的“中国皇后号”，满载北美十三州出产的花旗参、皮毛、棉花等货物，于当年 8 月驶抵广州。此后美国商船连樯而来，仅用了 10 多年的时间，就发展成为中国的第二大贸易伙伴。

清代时欧洲小国林立，德国和意大利都没有统一，分别有普鲁士、汉堡、不来梅，以及热那亚、托斯卡纳等城邦国家，此外还有丹麦、匈牙利、奥斯坦德（位于今比利时）等国，这些国家也会时断时续地派商船到广州来进行贸易。当时的中国人不熟悉欧洲，不能一一分辨，所以常根据这些国家国旗的特征来加以称呼，比如说称美国为“花旗”、丹麦为“黄旗”、瑞典为“蓝旗”、普鲁士为“单鹰”、奥地利为“双鹰”，等等。

这些国家和地区在亚洲的商贸活动几乎都是以广州为中心展开的，即将在中国有销路的各地商品运送到广州，又将各种各样的中国商品从广州输送到世界各地，甚至是以广州为中转站，进行对日本等国的转口贸易。可以说，广州已成为远东国际贸易的中心城市。

2. 广州外贸的主要进出口商品

在清代广州的出口商品中，瓷器、丝绸等仍为大宗。其中瓷器比较沉重，还能发挥作为压舱物的重要作用，所以出口量大。这些瓷器主要是产自广州河南（海珠区俗称）的“广彩”和佛山一带的陶瓷。由于西方的丝织业已经大为发展，中国的丝绸出口以生丝为主，丝织品所占比重越来越低。其他商品如黄金制品、土布、大黄以及藤器等手工制品，在欧洲、北美等地也有较大销量。而茶叶则很快成为占据首位的大宗出口商品。

明末时，荷兰人就将茶叶带到欧洲，欧洲大陆人开始尝试这种新奇的饮品，这样又反过来推动了荷兰向欧洲贩运茶叶。1662 年，已经养成喝茶习惯的葡萄牙公主凯瑟琳嫁给了英王查理二世，使这一习惯在英国上层社会流行起来。1664 年、1666 年，英国东印度公司两次向国王和王后献茶，更使喝茶成为英国达官贵人中流行的时尚活动，并很快在欧洲上层社会风行一时。

最初喝茶只在上层社会流行，是一种奢侈消费。据说在英国，一磅普通茶叶的价格竟相当于一名工人一年的收入。到了 18 世纪初，茶叶已经变成大众消费品，甚至有满足贫民需要的茶叶在欧洲各地销售了。这样，茶叶贸易很快成为中西贸易中最为重要的内容。对英国来说，鸦片战争前，茶叶贸易给英国政府带来的收入占其国库总收入的 1/10。而在鸦片贸易兴盛之前，茶叶是全世界交易额最大的单项贸易商品。

清代外销茶叶装箱图

（图片来源　http://pic. sogou. com）

茶叶贸易的巨大利润引起了西方各国对茶叶经营权的激烈争夺。比如奥斯坦德商人在 1722 年获得了神圣罗马帝国的特许状，垄断了欧洲茶叶的经营权。英、法、荷兰及普鲁士的东印度公司联合行动，迫使这一特许状在 1732 年被吊销。此后，英国的东印度逐渐控制了欧洲的主要茶叶市场。

茶叶与美国的独立还有很大的关系。最初北美大陆的大西洋沿岸有 13 块属于英国的殖民地，1773 年，因为英国政府授予东印度公司在北美殖民地倾销茶叶的特权，引发了强烈的反对。波士顿人组成“茶党”，将停泊在波士顿港的一艘东印度公司商船上的茶叶倒入大海，这就是美国历史上著名的“波士顿倾茶事件”。面对随之而来的英国的镇压，13 个殖民地团结起来，召开了大陆会议，组织民兵与英军对抗，并取得独立战争的胜利，建立了美利坚合众国。茶叶当然不是美国进行独立战争的根本原因，但其对英国、美国社会生活的影响却是显而易见的。

面对茶叶所带来的巨大利益，此后200多年间，欧洲人都不断尝试在印度、拉美等地引种中国茶树。但是因为所产茶叶质量低劣，还是需要将安徽、福建、江西和广东等省的茶叶源源不断地运到广州，再通过广州出口到欧洲各地。

此外，一些广州画家接触了西方的油画和水彩、水粉画后，也向来华的西方画家学习，开始用西画的技巧绘制具有中国特色的风情画，这些画通常都被外国人买去。而这些“外销画”成为当时一种较为独特的外销商品。

从广州进口的商品，大多是来自欧洲的钟表、毛皮和毛织品等，其他如产自南亚、东南亚的香料、贵重木材等也有大量进口。值得注意的是，由于中国棉织业的发展，英国人在印度大面积种植棉花，然后输送到中国，很快就变成中国常规外贸中最大宗的进口商品。此外，美国人为了迎合中国市场的需要，在北美各地种植花旗参，专门卖给中国人，这也反映出中国市场对其他国家产业发展的影响。

总体而言，在中西常规贸易中，中国始终处于顺差地位。西方能够拿得出手的大宗商品如毛织品等，到了中国往往滞销。为了扭转贸易中的不利局面，英国人竟然不惜进行罪恶的毒品贸易，向中国贩卖鸦片。

鸦片在明代时就由外商带入中国，据说明万历皇帝就嗜食鸦片。广州开港后，每年都有外商贩运鸦片前来售卖，但是，鸦片在当时作为药物在缴纳关税后是可以合法进口的，而且数量不大，一年只有200箱左右。到18世纪末，英国东印度公司取得了印度和孟加拉等地鸦片的专卖权后，形势急转直下。18世纪最后10年，

英国东印度公司的鸦片仓库

（图片来源 http://pic.sogou.com）

每年输入中国的鸦片约为2 000箱，而到了19世纪20年代，则达到1万多箱，到了鸦片战争前的1838年，输入量超过了35 000千箱！

鸦片不仅戕害了中国人的身体，鸦片走私活动还腐化了中国的军政机构，所造成的白银外流影响了中国的金融稳定，随之又造成一系列的社会问题。面对鸦片贸易的严重危害，清政府自嘉庆年间就下令禁止鸦片进口。道光即位后，始终将查禁鸦片走私作为一项重要任务，并派出林则徐到广东禁烟、销烟。1840年，英国悍然发动鸦片战争，其主要目的固然在于改变中英外交、经贸关系的格局，但也反映出其维护贸易利益的决心，哪怕是利用臭名昭著的毒品贸易。

3. 商欠问题

在十三行的中西贸易中，中外商人因商务往来而产生相互拖欠货款的现象是十分正常的。但是到了18世纪以后，中国行商拖欠外商债款却逐渐演变成一个非常严重的“商欠”问题，甚至1796年还发生了商总蔡世文因欠债而自杀的事件。行商因欠外商债务，被清政府查没家产、流放充军的事情也时有发生。商欠问题之所以发展到这样的地步，与行商和外商在各自国家的外贸体系中的地位有着密切的关系。

正因为中国方面由十三行垄断了进出口贸易，而欧洲各国商人处于竞争状态，所以存在着出口商品价格稳步上升，而进口商品竞相降价的情况。在中外贸易中，行商本来是居于有利地位的，但是有两方面的原因拖垮了行商。

行商在从事外贸活动时，需要面临巨大的资金压力。普通商人要取得承揽外贸，即行商的资格，首先必须向粤海关缴纳数万至10余万两白银的“门槛费”，也就是领取“执照”的“规费”。在交易过程中，无论外商带来的进口商品是否已经出售，所有各项税费、陋规都由行商先行代为垫付。粤海关或广东地方官员借采办贡品为名，往往低价掠夺进口商品。此外，一些进口商品积滞难销，行商也要照单全收。所以，除了少数身家殷实的行商外，大多数行商在经营中都会遇到资金周转方面的问题。

外商，特别如英国东印度公司等，为了瓦解十三行对外贸的垄断，对行商各个击破，采用了通过向行商借贷的手段来对其加以控制。从事中西贸易的外商大多资本雄厚，更重要的是，他们往往还能够得到政府的财政支持，通过外贸活动滚雪球似的积累资金。对外商来说，向行商借贷既满足了行商的急切需求，又可以获取高额利息，更可以操控行商，在贸易活动中占据主动地位，可谓一举多得。

与西方国家政府提供财政支持、扶持商人进行商贸活动相反，清政府对行商有种种限制。除了官员的欺压勒索外，对行商与外商的债务关系，清政府视为非法。在实际执行中，如果外商亏欠行商债务，行商畏罪不敢报官，甚至出现过美国商人拖欠行商潘长耀100余万元（约70万两白银）货款，潘长耀转而在美国法院起诉，并向美国总统写信求助的事情。反过来，如果行商亏欠债务而被外商揭发催讨，清政府往往令该行商充军伊犁，将其家产变卖还债，不足之数由其他行商分摊偿还。后来清政府还责令十三行在外贸交易中提取一定比例的资金，称为“行佣”，实际上就是一个清理商欠的预备基金。

从上述内容可以看出，清政府无视行商利益，只将其作为一个盘剥对象，是商欠问题愈演愈烈且始终没能得到有效解决的根本原因。到鸦片战争前夕，不少小行商要么破产，要么沦为外商的附庸，对十三行制度造成很大的冲击。

（三）伍浩官与“番鬼”：广州的行商与外商

在清代前中期的广州外贸中，十三行的行商与各国外商自然是主角，而行商与外商的活动，则不仅限于贸易，而且还涉及中西方的文化交流，甚至参与了一些中外事件的交涉，给广州的城市生活留下了各种各样的痕迹。

1. 行商的活动情况

不少十三行的行商在外贸经营中获取的巨大利益，积累了令世人瞠目的商业财富。行商中以豪富著称的当数伍秉鉴（浩官）、潘仕成（启官）等人。据说伍秉鉴的家产达2 000多万两白银，相当于清政府半年的财政收入，被当时的西方人视为世界首富。2001年，美国《华尔街日报》评选一千年来世界前50位的富翁，伍秉鉴就名列其中，这从一个侧面反映了十三

伍秉鉴像

（图片来源　http://pic.sogou.com）

行外贸的繁荣。

拥有巨大财富的行商，生活起居大多极尽奢华。比如潘仕成就以其拥有的巨大豪宅园林使外商艳羡不已。一些经营不善的行商，即使面临巨额亏空，也努力维持表面的富贵繁华，奢靡无度。

除了生活消费外，不少行商也热心于公益事业。如1806年广州出现米荒，伍氏就捐银近2万两购米赈灾，而此前直隶（今河北省）水灾，潘氏也曾捐银5万两修筑河堤。除了慈善救济，行商在建桥修路、捐资助学等方面的义举也不胜枚举。比如广州知名的文澜书院就是由伍、潘二氏捐房产筹办的，并且每年提供运作经费，后世闻名的“学海堂”最初就设于文澜书院。1810年，行商们联合捐资，在十三行开设“种洋痘局”，即请西医为中国儿童接种牛痘以预防天花，在国内首开先河。一些行商在搜罗古董书画、珍版古书的同时，还对刊刻字帖、图书十分着力，对传承中国传统文化、推动文化事业发展贡献良多。如潘仕成所刊印的《海山仙馆丛书》56种118卷，一改中国类书只重经史诗文的风气，多选数学、地理、医学方面的著作，其刻印均属上乘。而伍崇曜所刊刻的《粤雅堂丛书》185种1 347卷，校勘精良，选本精湛，张之洞称誉其“五百年中必不泯灭”。

在资助文教事业的同时，行商们还乐于同地方的文人雅士交游。比如伍崇曜刊刻《粤雅堂丛书》时，就是凭借了好友谭莹出力校勘。清末诗人张维屏的父亲是潘氏塾师，张氏从小就居住在潘园。在地方士人如陈澧、吴兰修等人的诗集中，有许多在潘氏海山仙馆、伍氏万松园等处游宴唱酬的应酬之作。当时著名的学者陈澧，其妻子就是行商潘有度的女儿。

在鸦片战争中，行商出资购船、购枪炮，堪称义举。如伍秉鉴以14 000多两白银购买美船“伶仃号”，潘绍光以1万两白银购买西班牙船“拉米罗号”以充军用。战后，潘仕成又投入巨资，在广州仿制西式战舰和鱼雷等西式武器。可见在民族大义面前，行商同样有急公好义的一面。

行商在民间有颇多花名，像吴天垣被人称为“卖鸡爽”，伍秉鉴被人称为“伍穿鳃”，可以看出吴天垣原以卖鸡为业，伍秉鉴则有龅牙。可是一旦发迹，行商们都会出钱捐官，自抬身价。比如，伍崇曜就有“即选道布政使”的头衔，与其父伍秉鉴一样有三品顶戴，相当于省部级干部。行商捐官，固然有自愿成分，但也与地方官员的不断勒索有关系，像伍、潘二氏这样的大行商，每年因军需等类的“报效”都会有数万甚至数十万两白银。鸦片战争中，英军在广州城下围而不攻，索要600万元（相当于420万两白银）的“赎城费”，结果伍氏承担了110万元，其他行商出了90万元。对于行商来说，反正是要掏钱，不如买顶官帽戴戴。行商的官帽只代表身份，就是有“衔”，并不代表清廷真的会给他们相应官职，行商也不是真的要去做官。恐怕清朝的官缺也很少有比行商更赚钱的了。

一口通商时，粤海关被称为“天子南库”。粤海关监督由内务府（清代的宫廷主管部门）派出，关税收入虽然由户部（清代的财政部）核查，却不收归国库，而是由内务府支配，也就是说，粤海关是专为皇帝捞钱的地方。但是，海关监督当然不满足于只替皇帝捞，还要捞给自己，捞的手法就是在正税之外多方勒索。勒索的借口包括皇帝万寿（过生日）、公饷捐输、行商违禁等，不一而足，所以粤海关监督在清代是一个著名的肥缺。行商与海关监督往往是欢喜冤家，如果应酬得当，海关监督对行商真正违禁的行为会睁一眼闭一眼，在嘉庆年间，还出现过海关监督应邀赴十三行与外商宴会的情景，这当然是皆大欢喜。但是如果海关监督贪得无厌，行商被逼破产倒闭，有时候也会牵连海关监督被革职查办。

行商潘振承赴瑞典经商的油画

（图片来源　http://pic.sogou.com）

行商以外商为对手，曾在国际贸易中大展身手。比如在瑞典哥德堡市博物馆里，有一张描绘中国商人在瑞典做生意的画，这个中国人就是行商潘振承。往返于中瑞之间的商船中，有好几艘都有潘氏及其他行商的投资。新“哥德堡号”访问广州时，还将潘振承赠给瑞典人的画像挂出来展示。伍秉鉴、伍绍荣父子在美国的保险、证券和铁路

等行业也有大笔的投资。

不少外国人记录了行商与外商相互宴请交游的故事，美商亨特就曾给行商潘绍光介绍西医，为其家人治病。关于中外商人友谊最著名的佳话，就是一名波士顿商人因欠伍秉鉴债务不能清偿，流落广州，而伍氏得知后，当面将欠条撕毁，使这名商人得以返回美国。但是清人对商人的活动大多不加关注，所以当时行商们在国际商务中取得了什么样的成就、在世界各国有什么样的影响，还需要寻找有价值的记录，进行深入的研究。

由于行商与西方人交往频繁，对外部世界的了解比一般士大夫要深刻，态度也开明得多。而行商正借助这一优势，参与中西方的一些交涉事务中。最为突出的是伍崇曜在两次鸦片战争中的表现。第一次鸦片战争中，英军围广州城又解围而去，民间盛传是“伍紫垣（伍崇曜号‘紫垣’）讲和”，反映了伍氏在广东地方官员与英军之间的周旋之力。而在第二次鸦片战争中，英法联军再次兵临城下，广东巡抚柏贵等人仍然是派伍崇曜和另一行商梁纶枢等人往来交涉。

从行商的活动可以看出，由于行商从事对外贸易，对于以西方为主导的外部世界有一定的了解和认识，有些行商在国际贸易中锐意进取，不乏远见卓识和商业才能。鸦片战争后，行商大多能很快顺应形势，不少行商或其后人变身为近代买办。但是，行商并没能摆脱中国商人传统的角色地位。无论是行善积德还是附庸风雅，都与其他各类富豪并无二致。更重要的是，行商的商业活动需依附于他们与各级统治者的关系，因为行商必须依托封建特权才能攫取财富，所以不能摆脱封建特权的桎梏。行商往往寄希望于家族子弟通过科举“正途”入仕，正是这种依附关系的折射反映。

2. 外商的活动情况

理论上，外商在广州的生活是枯燥乏味的，除了商业活动和相互宴请外，无所事事，一般不被允许走出十三行。外商即使外出，也必须有一名通事相伴，言行举止都受到严格的约束。可是，事实情况却未必如此。

对外船水手来说，他们被要求居住在位于黄埔的船上，不得外出。不过水手们在黄埔游荡嬉戏的情景并不罕见。此外，还有一个被水手们称为“游散日”的日子，允许他们到广州购物消闲。每到“游散日”，水手们便装着满口袋的钱，乘小艇沿珠江而上，来到十三行。十三行东面有新豆栏街，整条街都是中国人开的杂货店和小酒店，水手们在这里大量购买土布裤子、帆布鞋、围巾、草帽等，然后酗酒狂欢。驻守十三行的清兵小心地看护着这群人，以免同围观看热闹的中国人发生冲突打斗起来，直到这些烂醉如泥的水手们被拉进小艇，离开十三行。

华洋杂处的十三行

（图片来源　http：//www. ycwb. com）

因为需要久居十三行的商馆，外商经过争取获得了每月 3 次到海幢寺、花地“郊游”的机会。当时的花地可不像今天这样高楼林立，而是种满各种花卉的充满田园风光的所在。到了农历新年，广州人无论贫富，都会到花地游览，看到前来凑热闹的外商们，不免品头论足，好奇围观。

外商们当然不满足于每月 3 次到花地的游玩活动。实际上，他们还会不时收到负责监管其行为的行商的邀请，到行商的乡间别墅宴游。外商最喜欢去的地方是潘仕成的海仙山馆，从十三行到那里只需划船半个小时。从美商亨特对光塔的细致描写可以看出，毫无疑问他在那里逗留了不短的时间，而光塔却位于外商严禁进入的广州城里。亨特还描写了他同几个外商到白云山郊游的过程，以及一个名叫古伯察的法国祖父化装成中国人到中国内地旅行的事。

到了 1837 年，年轻的外商们在白鹅潭折向西南方向的珠江水道，即西方人口中的“澳门水道”上，创办了一项划船比赛，由各国的商馆出人出艇，组织参加。这项赛事显然得到了中国官方的默许，中国船只主动离开赛道，兴致盎然地围在四周观看。后来，十三行的各国外商还组织了“广州划船俱乐部”，连续几年举办这项比赛。

关于禁止外国妇女入居十三行的规定，发生在爱尔兰画家钱纳利身上的故事则使它变得有趣起来了。据说钱纳利家有丑妻，凶悍难治，画家为避开悍妻，常常躲藏在十三行，逢人便说：“中国政府真是个仁慈的上帝！”当然，对于其夫人来说，故事就完全是另外一种情调了。

与外商接触最多的自然是通事、买办，以及为商馆服务的厨师、杂工等人，但是外商们同十三行周边的卖杂货、卖水果的小贩们也经常打交道。在被外国人称为“牡驴尖”的十三行码头和商馆之间有一个巨大的广场，有时候，小贩们的摊位会把广场挤得满满的。这引起外商不满，他们就会请来清兵，帮助驱赶这些“走鬼”。外商违禁到十三行四周去“散步”，碰到巡查的清兵或低级军官，一盒雪茄这样的小礼物就会使双方高兴地道别。尽管将外商称为“番鬼”，但对于“番鬼”们来说，广州人总体上是温和而友善的。

在同中国人的接触当中，西医帮外国人挣了不少印象分。除了前面提到的行商聘请西医为中国儿童种牛痘外，有些传教士也利用其自身的医术为中国人治病，以争取中国人心中的好印象。1835 年，美国牧师伯驾在伍秉鉴的资助下，在十三行开设了“新豆栏医局”，是广州最早的眼科医院，后来改名为“博济医院”。林则徐在广州禁烟期间，还托人间接地请伯驾为其治疗疝气。此外，十三行一带发生的几次大火，也使广州人认识到了西方先进救火设备的威力。1743 年，十三行火灾，英国人利用救火机很快扑灭大火，行商见状，纷纷购买。1836 年，行商的库房发生火灾，新式救火机发挥作用，使十三行免受池鱼之殃。陈澧有诗称赞：“随其所指倾银潰，是名水车厥制良。谁其创者自西洋，通市上国来五羊。”

冲突在所难免。外商或水手与广州居民口角斗殴，甚至导致死伤人命的刑事案件也偶有发生。在一件两广总督给道光帝的奏折中，就介绍了一宗外船水手与中国的卖鱼娘争吵，从大船上扔出一个瓦罐将卖鱼娘砸死的案件。像这样的案件，通常都由中国的地方官员按照中国法律，在十三行的行商公所进行审判。不过，到鸦片战争前的几年，英国向广州派出商务监督，开始包庇包括鸦片贩子在内的英国罪犯，不接受中国法律的制裁，而是自行审判，破坏中国的司法主权。由于清政府的腐败，广东地方官员意识不到问题的严重性，往往放任自流，含混了事。

由于清人以老大帝国自居，视外国人为蛮夷，加上清政府民族防范的心理，因而对外商在广州的活动设置了种种限制。在今天看来，许多限制是不合情理甚至是不人道的。从外商的活动来看，大多数人出于商业利益考虑，基本上能够服从约束，即使小有突破，也无伤大雅。但问题是，鸦片贸易兴盛后，许多外商都是鸦片贩子，已经变成刑事罪犯了，而清政府官员不能区别处理，既不愿平等对待外人，满足其合乎情理的要求，也无力追究外商的犯罪行为，使得鸦片问题愈演愈烈。当帝国主义的炮舰打来时，中外交往的规则就不是由中国人来制定了。

（四）海山仙馆与十三夷馆：国贸名城的异域风情

在清代以前，所谓的“广州城”就是指广州城墙以内的范围，其布局以衙署机关为中心而层层展开。然而清代十三行兴盛后，在广州城西门以外，包括十三行周围的所谓“西关”一带，形成一个人烟密集的繁华商业区，不仅城市重心悄然发生变化，广州的地理风情也大不同于以往。

1. 西关的繁荣

清代的西关，大约是现在北到东风路、东到人民路、西南两个方向面临珠江的范围。明代广州城以西已渐渐成陆，故有“西关”之名，变成繁华所在。但当时西关仍多水塘，如今西关美食里“泮塘五秀”这道名菜所包括的莲藕、菱角、马蹄、慈姑、茭白五种水产，都是西关特产。到清代前中期，西关成陆面积已接近当代，与对外贸易关系密切的人口、产业在这里集中起来。

丝织品是广州重要的出口商品。在西关北部，即包括今中山七路及其南北附近，称为“上西关”的一带，相应兴起了数百家大大小小的丝织工场，当时称为“机房”。机房工人称为“机房仔”，最盛时据称有三四万人。机房较为集中的地方在现在的金花街及龙津路，算是当时的“丝织品工业园”。广州的机房组织严密，其生产已经具有资本主义萌芽的性质。机房的老板称为“东家”，也被称作“揽头”，通常其本身也从事丝织生产，但是负责从大商人处承揽业务，并且为工人提供伙食。工人是“西家”，领取计件工资。作为丝织业行会的锦纶会馆在当时有很大的影响力。

行商们同样在西关大兴土木，修建园林、别墅，其中最为著名的是潘仕成的“海山仙馆”。海山仙馆，就在南汉国后主刘鋹举办“红云宴”的“荔枝湾”，即包括现在的荔湾湖公园在内及向东、向南的数百亩地方。1830年，潘仕成将这一大块地方买下，修建园林。园中不仅有亭台楼阁，还有假山湖泊，周围江堤上遍种荔枝，满湖菱藕。园中游廊上有一楹联，道是“荷花世界，荔子光阴”。从时人的描述来看，海山仙馆既称得上清新雅致，又可谓富丽堂皇，号称“岭南第一名园”。第一次鸦片战争后，耆英曾在这里接待过各国领事和外国商人等。但是很可惜，第二次鸦片战争后，潘仕成破产，这座名园被清政府查封变卖，昔日繁华荡然无存，如今只在荔湾湖公园里有一座1998年重修的海山仙馆主楼“贮蕴楼”了。

海山仙馆一隅

（图片来源　http://pic.sogou.com）

靠近十三行的十八甫、上下九一带商铺林立、热闹繁华，当时的人们称其“街市繁华，十倍苏杭”。这是广州的商业活动中心。1822年，西关第七甫发生大火，延烧至杉木栏、十三行一带。据说在方圆六七里的范围内，烧毁70多条街道、数百条小巷、1万多间民房。大量银元、银两被大火融化，流淌在水沟里，火熄灭后凝固成一条长达一二里的银蛇。这次火灾虽然损失巨大，但也可从中看出当时西关市廛之繁盛、人口之密集。有人认为这场大火是行商奢靡过度，老天降灾示警，然而豪富们并不以此为戒，短短几个月后，西关又恢复了昔日繁华，依然是夜夜笙歌，穷奢极侈。

行商在广州其他地方的经营也带来这里地理面貌的变化。比如行商潘振承在1776年购置了十三行珠江对面、现南华西路一带约300亩、当时还没有与海珠区连在一起的鳌洲岛。

行商设于“河南”的仓库

（图片来源　http://pic.sogou.com）

潘氏在这里修建仓库，又出资兴建漱珠、跃龙和环珠三座石桥，使鳌洲岛与海珠区陆地相通。他的孙子潘正炜又在这里建起潘家大院。随着人口增长，番禺县在此设龙溪乡。

西关一带的兴盛与外贸有着密切关系。不仅机房的丝绸生产以外贸为目的，在西关的住宅、园林等建筑上，也越来越多地出现了西方文化的元素。比如除套色玻璃、铸铁预制件、水泥等西式材料外，往往还可以看到拱形门窗、欧式柱头和铁枝花饰纹等西式建筑造型。所谓“映日玻璃光照水，楼头刚报自鸣钟”，随处可见舶来品的身影。同时，商铺里也无不摆卖洋货，琳琅满目。十三行外贸对于清代广州的富庶繁华来说，具有极为重要的意义。

2. 洋行商馆与广州风貌

1793 年，英国马戛尔尼使团访华时，使团参赞斯当东记录了他对广州的印象：“广州……显然有很多华洋杂处的特色。欧洲各国在城外江边建立了一排他们的洋行，华丽的西式建筑上面悬挂着各国国旗，同对面的中国建筑相辉映，增添了许多特殊风趣。”在关于十三行的外销画和照片中，更可以看出广州这种中西交融的城市风情。

外商所居住的十三行商馆，位于当时的西濠以西、十三行街以南、联兴街以东、南临珠江的区域内，也就是现在文化公园的大致范围。在商馆区的南端中间位置，有一个被外国人称为“牡驴尖”的地方，是外商上岸的码头。码头西边紧挨着的是粤海关的税馆。在码头与商馆之间有一个大广场，广场东部是英国花园，西部是美国花园。在广场以北，有一排建筑，自东向西排列着小溪馆、荷兰馆一直到丹麦馆，总共 13 个外国商馆。商馆以北紧邻十三行街，十三行街以北有中国行商的商馆以及行商公所等建筑。

商馆区内，在新英国馆与炒炒馆（Chow-Chow Factory）之间有新豆栏街，美国馆与章官行之间有靖远街，西班牙馆与丹麦馆之间有同文街，丹麦馆以西有联兴街。新豆栏街和同文街有中国人开设的小杂货店、小食铺，出售外商所需的日用品等。靖远街有清兵把守。一般情况下，会有不少小贩在商馆区内兜售水果、小吃。有时候外商看到有中国人要把戏卖药，也会津津有味地围观。

按照清政府的规定，外商居住的商馆必须是由行商修建，并租给外国人的。可是外商商馆又被称为“十三夷馆”，显然是西式建筑，这说明商馆虽然由行商出资，但其设计、施工都由外商负责，甚至建筑材料都是从外国运来的。当然，商馆的产权仍然属于行商，外商每年都须支付租金。到了19世纪初，行商中伍、潘两家实力最强，大多数商馆都是这两家的产业。商馆一般是三层建筑，第一层是库房、账房及买办、杂役的住房，第二层是餐厅和会客室，第三层为卧室。室内的布局、装饰也都是西式风格。

在鸦片战争前，如果从白鹅潭东边不远的珠江上北望，可以看到在广州的西城墙外，鳞次栉比的中式屋舍中间，一排整齐的西洋风味的商馆建筑群迎着珠江，不同的建筑物上还有五彩斑斓的各国国旗。这排建筑是如此地别致，但与周围环境又浑然一体，构成一幅独特的风景画。大才子袁枚见到后，也不禁歌咏："沙面笙歌喧昼夜，洋楼金碧耀丹青。"

从珠江上远眺十三行

（图片来源　http://pic.sogou.com）

不过这道别致的风景早已不复存在了。十三行曾多次遭受火灾，1743年和1836年的火灾损失不大，但是1822年那次火灾惨绝人寰。大火一共烧了3天，烧死了100多人，在避火逃难时被踩死的有27人，仅外商估计的财产损失就超过4千万两白银，中西贸易曾因此一度中断。然而这场大火并不是十三行的灭顶之灾，1856年末，第二次鸦片战争的战火才最终使十三行毁于一旦。

第一次鸦片战争后，中英两国就英国人能否进入广州城的问题进行了长时间的争论，广州的士绅民众团结起来，掀起了轰轰烈烈的反英入城斗争。在反英入城斗争中，民众曾多次以十三行为目标，进行攻击骚扰，并且有纵火泄愤的行为。第二次鸦片战争爆发后，1856年12月，英法联军占领十三行，兵临广州城下。为保证自身安全，联军竟将商馆北面和东面的大片中国商铺、民房拆毁，留出开阔地带。12月14日深夜，被拆毁的商铺、民房突然起火，延烧至十三行商馆，到次日下午 5 时，所有十三行的建筑付之一炬，150 多年的繁华烟消云散。

毁灭十三行的这场大火究竟是中国人袭击英军的愤激之举，还是英国海军上将西马糜各厘的炮火所致，现在已很难弄清楚了。此后，英法侵略者着力经营沙面租借地，十三行不复往日风光。民国时期，十三行旧地上渐渐兴建起一些商铺民宅，在抗日战争中又被日军飞机炸成瓦砾。如今来到十三行，应该说是来到文化公园，四周高楼大厦，已经丝毫不见 19 世纪中期前外销画、外销瓷器当中能够见到的风情，只有十三行路、十三行横街、同文路、宝顺大街等街名记录下了广州城市风貌中曾经有过的印痕。

清代前中期的中外贸易是中国古代传统外贸的一个总结。在鸦片战争之前，由于制造业、造船和航海技术等方面领先世界，中国在对外贸易中始终占据主动，与中国有关的国际贸易、国际政治体系，也是由中国主导和构建起来的。尽管在明代以后，封建统治者开始限制外贸，而且清统治者也因民族矛盾等因素，对在华外商的人身活动加以约束，但是中外贸易仍然以不可遏制之势蓬勃发展。而广州的外贸，尤其因为一口通商等政策而空前繁荣，成为远东地区国际贸易的中心城市。但是清代这种不利于商业发展的外贸体制，因其内部矛盾，本身就已危机重重，在英国人炮舰的打击下，很快土崩瓦解，新的不平等的、由西方人主导的国际贸易体制建立起来，广州外贸步入了新的历史篇章。

五、先开风气

——晚清民国时的先驱之城

> 吾粤之所以为全国重者，不在地形之便利，而在人民进取心之坚强；不在物质之进步，而在人民爱国心之勇猛。
>
> ——孙中山

鸦片战争后，广州在国内城市中的地位很快让步于上海，甚至邻近的香港也有后来居上之势。然而，广州对全国的贡献，已不再是仅依靠地理位置的便利或者是一口通商的“政策优惠”来开展国内外贸易，而是凭借着广府文化的厚积之势，以及开通务实的精神气质，由先进的知识分子和革命者倡导，引领中国的近代化变革，引导着中国的政治、经济、文化的进步和发展。广州作为一个开风气之先的城市，在革命思想传播、经济和文化发展、城市建设等方面，都立于时代潮头。最能代表这一时期广州商贸时代特征的，是其在近代化转型中表现出来的勇于先行的锐利之气。

（一）黄花岗烈士和广州起义：晚清民国时的革命之城

晚清民国时期，洋务运动、维新变法运动和辛亥革命此起彼伏，各种维新、革命思潮也是风起云涌。而引领潮流方向的主要是广府的思想家和革命家们，很多革命活动也都是以广州为策源地。

1. 近代广府的人文鼎盛

鸦片战争后的一百多年，帝国主义对中国的侵略逐步加深，强烈的民族危机迫使此后几代中华民族先进分子不断思考和探求救亡图存

的道路。1911 年辛亥革命虽然推翻了清朝政权，但革命成果被袁世凯窃取，随之而来的军阀混战使民族痛苦仍在延续。直到 1949 年，中国共产党领导的无产阶级革命取得成功，中华民族百年屈辱的历史才告结束。这一段历史，是中华民族反抗外来侵略、争取民族独立的历史，也是中国人民争取实现国家富强、人民自由幸福的历史，“变革”和“革命”是这段百年历史的主题。而在这百年历史中，广府地区出现了郑观应、康有为、梁启超、孙中山等许多引领时代潮流的人物，以及其他一大批杰出人物。

郑观应，广东香山人，早期维新思想家。郑观应少年时曾旅居新加坡等地，回国后在上海外商洋行谋生，成为一名买办。他忧心国事，在 1894 年发行了《盛世危言》一书，全面系统地提出了学习西方、进行政治改革的要求，对社会思想观念的进步有着很大的影响。稍早于郑观应的，还有参加太平天国运动的洪仁玕。洪仁玕是广东花县人，洪秀全的族弟。他在太平天国起义后流落香港，对西方的政治、经济和社会情况有相当的了解。1859 年，洪仁玕来到天京（今南京），被洪秀全封为“干王”，总理太平天国的政务。洪仁玕所提出的《资政新编》是一个非常全面的推行资本主义政治、经济制度，在中国进行资本主义建设的政治方案，一些清政府官员见了也赞赏不已。

康有为，1858 年生于广东南海，人称“康南海”；梁启超，1873 年生于广东新会。康、梁师徒在维新变法运动中，一个组织策动，一个宣传奔波，同心协力，世人合称为“康梁”。康有为早年曾师从岭南大儒朱次琦，传统学术功底扎实，后来在香港、上海等地游历，又倾心于西学。1891 年，康有为在广州设立“万木草堂”，聚徒讲学，维新变法时的活跃分子陈千秋、麦孟华、徐勤等人都是康门弟子。康有为在这一时期还撰写了关于维新变法的两部重要理论著作——《新学伪经考》和《孔子改制考》。1895 年 4 月，甲午战争失败后，中国被迫同日本签订了屈辱的《马关条约》，当时正在北京参加会试的各省举人在康有为的鼓动下联名向光绪皇帝上书，并由康有为主稿，呼吁拒绝签约，变法自强，史称“公车上书”。此后康有为又多次向光绪帝上书，康、梁等人还在北京组织“强学会”，创办《中外纪闻》，在官员和士人中宣传维新变法。康有为等人的活动引起了光绪皇帝的注意。1898 年 6 月，光绪立意变法，颁布“明定国是”诏书，并由康、梁等人拟定各项新政措施，史称“戊戌变法”。然而变法运动激化了光绪皇帝与慈禧太后的权力斗争，同年9月，慈禧等守旧势力发动政变，软禁光绪帝，戊戌变法夭折。此后，康、梁流亡海外，继续宣传变法思想。

孙中山，中国近代伟大的民主革命家，广东香山人。他生于1866年，早年接受西式教育，毕业于香港西医书院，因为不满清政府的顽固守旧和严重腐败，决心以暴力革命推翻清朝统治。1894年，孙中山在檀香山（即美国夏威夷州首府火奴鲁鲁）成立兴中会，将反对清政府和建立资产阶级民主政权作为革命的目标，这是中国最早的资产阶级革命团体。兴中会成立后，在广东各地多次筹划武装起义。1905年，孙中山又联合全国各地的革命势力，成立了资产阶级革命政党——“中国同盟会”，确定了“驱除鞑虏，恢复中华，建立民国，平均地权”的革命纲领。这一纲领后来被孙中山总结为关于民族、民权和民生的“三民主义”。同盟会成立后，全国各地的反清武装起义风起云涌。1911年10月10日，武昌起义爆发，清政府的统治土崩瓦解，在中国持续了两千多年的封建君主专制政体至此终结。

孙中山

（图片来源　http://pic. sogou. com）

大元帅府

（图片来源　http://pic. sogou. com）

近代广东在社会各领域都出现了具有代表性的卓越人物。比如中国最早赴美国留学的容闳、黄宽等人都是香山人。容闳在美国耶鲁大学毕业回国后，推动清政府派出幼童留美，为中国近代教育事业作出很大贡献。在清政府派出的赴美幼童中，绝大多数都是广东籍人，其中不少人成为近代外交、教育、科技等方面的领军人物，例如，南海人詹天佑毕业于耶鲁大学，回国后主持修建了北京至张家口的铁路，被称为“中国铁路之父”；香山人唐国安就读于耶鲁大学法律系，后担任清华大学第一任校长，其同乡兼同学蔡绍基后来担任了天津北洋大学校长；香山人唐绍仪就读于哥伦比亚大学，后来担任“中华民国”的第一任内阁总理。此外，还有新会人伍廷芳赴英国留学，在伦敦大学获法学博士学位，曾担任清政府驻美国、墨西哥等国公使。恩平人冯如少年时赴美国旧金山谋生，自学机械和电学方面的知识，所制造的飞机曾刷新世界飞行纪录。1912 年，冯如在广州郊区试飞时因飞机失事遇难，年仅 31 岁。洋务企业一开始步履维艰，一些买办在近代工业的起步过程中发挥了积极作用。如香山人唐廷枢受李鸿章聘任，担任轮船招商局总办后，招商局迅速发展，并有能力与太古、怡和等外商轮船公司展开竞争。唐氏主持开平矿务局后，该局产量、利润都有大幅增长。郑观应也曾受李鸿章委派，总办上海机器织布局。

岭南文化艺术在这一时期也达到一个高峰。番禺人高剑父、高奇峰、陈树人等开创了岭南画派，独树一帜。而嘉应（今梅州）人黄遵宪高举“诗界革命”的大旗，对中国近现代文学产生深远影响。粤剧戏班在光绪年间建立了行会组织“八和会馆”，并且涌现出薛觉先、马师曾、白驹荣和廖侠怀等“粤剧四大家”，使粤剧在清末民初进入鼎盛时期。此外，南海人吴沃尧所著的《二十年目睹之怪现状》、番禺人黄世仲所著的《洪秀全演义》等小说，在近代文学史上都有一席之地。

近代广东不仅拥有推动中国社会历史进步的伟大的思想家、革命家，在政治、学术、文化、科技等各领域，还涌现出一大批站在时代潮头的先锋人物。特别是珠三角一带的思想、文化，表现出开风气之先的逼人锐气。

2. 近代革命与广州

遭遇了两次鸦片战争的战火洗礼，接受了近代维新变法和资产阶级革命思想的熏陶，广州人民对革命有着特别的理解和支持，这使广州变成中国近代革命基础最好的一座城市，成为民主革命最重要的发源地。

1895 年，孙中山以香港为基地，在广州联络反清会党，筹备在广州、惠州等地发动起义，但因为消息走漏而被清军镇压。1900 年，孙中山又派郑士良、史坚如等人，在广州筹划、组织了惠州的三洲田起义。虽然起义又遭失败，但正如孙中山所指出的，人们已不再将起义者视为造反的“乱臣贼子”，而是扼腕长叹起义未能成功了。

1910 年 2 月，同盟会精心策划的广州新军起义又告失败。然而革命者们并不气馁，孙中山、黄兴等人决定再接再厉，集全会之力在广州再次举行起义。1911 年 4 月 27 日，黄兴亲自领导了广州起义，经过一夜激战，革命者损失惨重，起义宣告失败。在起义中牺牲的烈士里面，有富商之子方声洞，他写信与父诀别，在激战中中弹而死；有化学专家喻培伦，胸前挂着满筐炸弹冲入敌群，后重伤被俘，不降被害；又有林觉民，力尽被俘，从容就义，其绝笔《与妻书》感人至深，读者无不泪下。后来烈士中有 72 人被安葬于广州黄花岗，这次起义也被称为“黄花岗起义”。

黄花岗七十二烈士墓

（图片来源　http://pic. sogou. com）

辛亥革命后，袁世凯窃取了革命成果。此后袁世凯谋求建立对全国的军事独裁统治、复辟帝制都遭失败，中国又陷入了军阀混战的局面。孙中山两次发起的“护法运动”（孙主张恢复《中华民国临时约法》，所以称为护法运动）都以广州为基地。1924 年，孙中山主持实现了第一次国共合作，在广州召开了国民党第一次全国代表大会，并创办黄埔军校，筹划北伐。孙中山逝世后，1926 年，国民政府又以广州为大本营，发动北伐并取得成功。

中国共产党最初的革命事业也是在广州发展起来的。1923 年 6 月，中共三大在广州召开，并确定了国共合作的方针。在第一次国共合作的条件下，广东地区的工农运动在全国的发展形势是最好的。1925 年的省港大罢工是世界工人运动史上历时最长的罢工运动，罢工组织者和工人以广州为依托，最终取得罢工胜利。彭湃等人领导的海陆丰农民运动蓬勃发展，迎来农民运动的一个高潮。1924 年，中共在广州创办农民运动讲习所，毛泽东曾担任所长，该讲习所为中国革命培养了大批干部。此外，黄埔军校也为共产党培养了很多军事人才。

1927 年，国民党右派背叛革命，蒋介石在上海发动反革命政变，李济深等人也在广州发动“四一五”政变，屠杀中共党员。12 月 11 日，在张太雷、叶挺、叶剑英等人的领导下，广州起义爆发，这是继南昌起义、秋收起义后，中国共产党领导的推翻国民党反动统治的一系列武装起义的一个重要组成部分，是党史上的一个重要篇章。

需要指出的是，在近代革命运动中，祖籍主要为广东、福建两省的海外华侨鼎力相助，发挥了十分重要的作用，孙中山曾称“华侨是革命之母”。兴中会的早期成员，大多数是华侨。华侨不仅为革命出资捐款、鼓动宣传，不少人还亲自回国参加革命运动。孙中山在美国匹兹堡筹集革命经费时，就曾有一位不留姓名的洗衣工人，将毕生积蓄装在一个麻袋里交给孙中山。在广东的历次武装起义中，都有华侨参加甚至牺牲生命。在黄花岗起义的 80 多位烈士中，有 30 位华侨，其中 29 人是广东华侨。在此后的北伐战争、中国共产党的革命斗争以及抗日战争中，同样有无数华侨出钱出力，为国捐躯。

在晚清民国这一时期里，广州始终是中国思想、政治活动最活跃的地区，是许多革命和政治活动的中心、发动地和基地，并且涌现出一大批引领时代进步的思想家、政治家和其他各方面的杰出人物。这从一个侧面反映出广府地区的社会经济、文化发展在全国已经居于十分重要的地位，而近代革命留下来的黄花岗烈士陵园、黄埔军校、大元帅府、农讲所和中共三大会址等革命纪念地也已成为烙在广州城市历史中的深刻记忆。

（二）继昌隆缫丝厂与三大工业区：广州商贸发展的近代产业基础

鸦片战争后，外商在广州投资兴建了中国最早的近代工业企业，此后洋务派官员、华侨等纷纷在珠三角一带投资建厂。民国以后，广东的近代化产业也取得不俗的发展成果，使得珠三角成为全国近代产业最为集中的地区之一。

1. 晚清的外资入侵和民族工业的起步

1845 年，英国人约翰·柯拜在黄埔长洲岛兴建了“柯拜船坞”，这是中国近代化造船业的开端，也是中国最早的近代企业。随着一系列中外不平等条约的签订，各国商人都争先在珠三角投资。

外资最早投入的是修船、造船和航运等行业，如丹麦船舶公司、于仁船坞公司（英商）、高阿船厂（英商）、福格森船厂（英商），以及后来垄断华南地区船舶制造的黄埔船坞公司（英商）等修、造船企业。航运企业如省港小轮公司（英商）、琼记洋行（美商）、省港澳轮船公司（英美合资）等，主要经营广州、香港和澳门之间的航运交通，此外，如禅臣洋行（德国）、太古轮船公司（英国）、怡和轮船公司（英国）、旗昌洋行（美国）等，在轮船招商局成立之前，几乎垄断了广州至中国沿海各城市和世界各地的轮船航运。

洋务运动兴起后，以 1874 年两广总督瑞麟创办的广州机器局为滥觞，洋务派官员在广州兴建了不少军工、民用企业，包括刘坤一创办的火药制造厂和黄埔机器局、张之洞创办的石井枪弹厂等。张之洞大刀阔斧，兴建的企业数量多、规模大，包括广东钱局、广东缫丝局、广东矿务局、石井枪弹厂等。其中，石井枪弹厂又称“制造西局”，该厂购买了德国克虏伯的机器设备，是当时广东最大的军工制造厂。而广东钱局以机器铸币，铸造了中国最早的机制铜币和银币。张氏还对广东民族资本的发展主动提供帮助，华侨黄秉常在广州开办电灯公司，张即大表赞成并予以扶持，使之顺利开业。

晚清机器缫丝生产

（图片来源 http://pic. sogou. com）

中国民族资本主义在洋务运动中也发展起来。1872 年，华侨陈启源在南海创办继昌隆缫丝厂，这是中国第一家民族资本企业。此后两三年的时间里，南海、顺德一带兴起了 40 多家机器缫丝厂。1876 年，又有广州商人陈廉川在广州兴办了陈联泰机器厂，从事船舶修理和蒸汽船的制造工作。19 世纪 80 年代后，许多华侨和商人在珠三角一带投资创办了火柴、造纸、电力、电报等各行各业的企业，并创造了中国的许多个“第一”，比如中国的第一家火柴厂巧明火柴厂、第一个罐头厂广茂香罐头厂，以及制作第一台显微镜的大光社等。虽然这些企业规模较小，技术相对落后，而且大多是轻工、民用制造业，但也代表了中国民族工业的艰难起步。

陈启沅像

（图片来源 http://pic.sogou.com）

中国的民族资本主义不少是由华侨企业发展而来的。珠三角地区的近代企业大多数是华侨资本，除了上文提及的继昌隆缫丝厂外，还有如1890年黄秉常在广州创办的电灯公司、1904年张煜南投资兴建的潮汕铁路、1909年陈宜禧兴建的新宁铁路，等等。此外，由于海外华侨祖籍大多为广东、福建，广东华侨在全国投资建厂的举动推动了各地的近代工业发展。比如上海的先施、永安、大新和新新这“四大百货公司”，都是由旅澳的香山华侨投资创办的，此外还有梅州华侨张振勋在山东烟台创办的张裕葡萄酒公司等，后来都成为国内知名企业。对于中国近代化产业的发展来说，华侨发挥了十分关键的作用。

2. 民国时期广东近代化产业的发展

“中华民国”的建立，为中国资本主义发展提供了法律和政治上的有利条件。而辛亥革命后的10余年，以及陈济棠治粤的约8年时间里，是广东社会经济发展特别好的两个时期，近代产业取得明显进步。

辛亥革命后，清政府的封建统治结束，不少华侨回国投资，加上此后不久第一次世界大战爆发，帝国主义国家对中国的控制和掠夺削弱，民族资本得到较为宽松的发展条件。广东地区的近代产业有了较大发展，尤其是火柴、橡胶、肥皂等轻工制造业发展迅速。据统计，这一时期珠三角仅火柴企业就有近20家，其产品不仅满足省内消费，而且还能向周边各省和国家销售。橡胶企业也有10多家，1917年创办的广东兄弟橡胶公司是我国第一家橡胶企业，它生产的男式胶鞋底以双飞箭和“中国第一家”五个字作为商标，享誉中外。

烟草、针织和面粉加工也是这一时期发展较快的行业。比如南海华侨简照南、简玉阶兄弟1905年在香港创办南洋兄弟烟草公司，就是在这一时期发展壮大，后来成为中国最大的烟草企业。广州的针织袜和针织衫工厂在这段时间里蜂拥而起，不少是数人、十余人的小企业，总共有数百家之多。顺德人冯寿如在1923年创建的“利工民针织厂”，从6台手摇织袜机起步，1928年已经可以同德、法等国针织品竞争，所生产的“金鹿”、“蓝鹿”等品牌的内衣，甚至将进口商品挤出广州市场。利工民针织厂的棉织内衣至今享有国际美誉，成为广州最早的著名工业品品牌之一。

1929—1936年，陈济棠控制了广东的军政大权，被人称为“南天王”。在此期间，陈氏重视经济、文化建设，采取了有利于经济发展的政策措施，甚至亲自主持制订并实施了“以经济为核心”的《广东省三年施政计划》，使广州的近代工业有了飞跃式的发展。

在陈济棠的主持下，广州市规划建设了三个工业区，大力发展官办的“省营新式企业”。这三个工业区分别是西村第一工业区、河南第二工业区以及南石头第三工业区。其中西村工业区以发展化学工业为主，兴建了士敏土（水泥）厂、硫酸厂、电解厂、肥田料（化肥）厂、苛性纳（烧碱）厂等企业；河南工业区以发展纺织业为主，兴建了棉织厂、丝织厂、毛织厂、麻纱厂等企业；南石头工业区以发展造纸业为主，兴建了造纸厂。此外，省营工业还包括河南造船厂、木炭汽车炉厂、市头制糖厂和新造制糖厂等一批企业。其中士敏土厂及糖厂的生产和经营状况表现突出，取得了良好的经济效益和社会效益。如士敏土厂1936年日产量已达660吨，成为“南中国最具规模的工厂”。而新式糖厂不仅获利甚丰，还打败洋糖，占领了包括上海在内的内地市场。陈济棠既注重引进国际先进的机器设备和技术，也注意吸引优秀人才，比如西村及河南工业区主要省营企业的机器设备绝大

西村工业区

（图片来源　http://pic. sogou. com）

多数来自英、美、捷克等西方国家，在国际上也居于先进水平，同时他又重金礼聘留学归国人员出任企业负责人，并赋予他们经营管理大权，使得广州地区工业企业的生产水平得到很大的提高。

同时，陈济棠十分重视扶持民营工业，为华侨回国投资建厂提供各种便利。在他治粤期间，民营工业发展较为集中的橡胶鞋、机械、火柴、榨油、碾米、煤油、肥皂等行业的企业，仅广州市就有近 200 家，企业数量、资本规模都迅速增加，现代工业机器设备普遍得到使用，生产及经营状况均得到较大改观，成为广州近代民族工业发展的一个重要时期。

在交通运输业方面，1916 年之前，广州至三水、香港九龙的广三、广九铁路及广州至韶关的粤汉铁路建成通车。陈济棠又积极筹建了广汕、粤黔等铁路，粤汉铁路的株洲至韶关路段在 1936 年顺利竣工，使粤汉铁路全线贯通。陈氏还成立了广东省港务管理局，从由英国人操控的粤海关手中收回船舶、航运管理权，主持全省内河航运事业，并扩建了广州内港，建设了包括洲头嘴在内的 50 余座内港码头。广州港往来外船吨数仅次于上海，广州通往沿海各地的客运航线有 10 多条，内河航线有 40 多条，以广州为枢纽的珠江水路及沿海航运十分繁荣。1935 年，广东修筑公路总里程达17 000多公里，居全国首位，以广州为核心的 17 条干线公路遍及全省各地。特别是珠三角地区，公路蛛网密布，仅广州就有 2 000 多辆汽车从事长、短途营运，汽车运输事业得到很大的发展。此外，陈济棠还主持筹建了西南航空公司，开拓了广州飞往海口、南宁、河内等国内国际航线，基本建成了以广州为中心的全省水陆空交通网。此外，中美合办的中国航空公司和中德合办的欧亚航空公司分别开辟了广州到北京、上海、河内等地的航线。

晚清民国时期，随着帝国主义侵略的加深，中国的社会经济结构发生剧烈变动，传统自然经济瓦解，社会生产被越来越深地卷入世界殖民体系中去。广东地处前沿，这种变动尤为明显。比如广东与传统外贸有关的运输业迅速衰落，而沿海航运则迅速发展，以及珠三角为满足生丝出口需要的缫丝业异常发达等，都反映了社会生产受外贸影响甚至被外资控制的情形。然而这种变化中也包含了中国近代产业的起步和发展的内容，不仅出现了铁路、电力、电报等近代工业的新行

业，缫丝、纺织、造船等传统行业也采用了近代化的技术和生产方式。从广东的近代产业发展情况来看，虽然规模、质量尚不及上海、江浙等地，但往往起步较早、经营理念和方式较新，从而能挺立潮头，先声夺人。

（三）先施与大新：晚清民国时的广州商贸

晚清民国时期，广州商贸快速地实现了近代化转型，表现在新型商贸模式被迅速采用、近代化的城市商业布局逐步形成，以及商品经济重要性日益上升等方面。同时，社会经济由于受制于资本主义国际贸易体系而有半殖民化倾向，这在外贸方面也有突出的表现。

1. 商贸、金融等行业的近代化转型

晚清民国时，先施、大新、永安等百货公司先后成立，是广州商贸近代化转型的重要标志。广州最早的百货公司是1907年成立的光商公司，1910年又有较大规模的真光公司成立。先施公司由华侨马应彪在1900年创办于香港，1914年，广州长堤的先施百货公司开业，在广州引起轰动。1912年，蔡兴、蔡昌兄弟也在香港创办大新公司，并于1916年在广州惠爱中路（现中山五、六路）开设大新分店。1918年，建于西堤的大新大厦落成，两座大厦被分别称为“城内大新”和“城外大新”，是当时广州著名的购物圣地。新中国成立后，“城外大新”被改造成南方大厦，仍然经营商品零售，20世纪80年代曾居全国十大百货商场之首。永安公司和美华公司分别在上下九和永汉路（现北京路）一带，也开设了百货公司。由于百货公司这种商业模式与传统商业模式相比优势明显，19世纪30年代时，广州一下子涌现出近600家百货公司。

先施百货公司

（图片来源 http://pic.sogou.com）

与传统零售业以较小铺面经营单一商品或日用杂货截然不同，大型百货公司采用大面积场地集中商品、以柜台分类陈列售卖的经营模式。除了商品种类更加丰富外，百货公司还提供了全新的购物环境，更容易集聚人气。在商业制度方面，百货公司大多采用了近代化的股份有限公司制。先施和大新公司最早都是依托银行投资发展起来的，在从百货业中取得巨大收益之后，也会投资于金融、保险等各行业。在经营中，先施等公司对业绩突出的老员工还采用给予一定股份的激励措施。先施公司创设的“不二价”的明码标价、专人收款、固定营业时间等运营制度，与传统零售业也完全不同，并被其他百货公司接受沿用。如今许多大型超市、百货商场所使用的发行优惠礼券、推出特价商品、抽奖、销售本公司品牌的特制商品等营销手段，早在近一个世纪前就已在各百货公司中出现了。先施公司历史上还出现过为招聘女性营业员，老板娘霍庆棠女士亲自上阵充任售货员的传奇故事。后来，聘用女性担任售货员成为百货公司的惯例。此外先施公司还号称“环球百货”，即主营高档进口商品，并聘请懂外语的售货员进行销售，形成经营高端商品的特色。

各百货公司的大楼都是综合性建筑，不仅销售百货商品，还提供各种配套服务。像西堤大新公司的大楼，除百货商场外，还设有旅馆、酒店，并建有儿童游乐场、舞厅等设施，适宜各类人员活动。民国时，广州人有时会全家人出动去大新公司，在购物之余，儿童可以去九楼的天台游乐场玩旋转木马，老人可以看粤剧大戏，年轻人能够在舞厅跳舞，大新酒店还能提供最豪华、最有面子的餐饮服务。这种全家集体购物休闲的活动，就是广州人口中的“逛公司”。

民国时的“城外大新”

（图片来源　http://pic.sogou.com）

在商贸繁荣的同时，与商贸活动相关的金融业和旅馆、餐饮等服务行业也变得十分繁荣，像照相、电影这样一些新兴服务和娱乐行业，也比较早地在广州发展起来。晚清民国时期的广州，称得上是百业兴旺。

在金融业方面，旧式的银号、钱庄向近代银行转轨，其业务范围与经营手段日趋近代化。广州最早的近代金融业是由外商创办的。如1845年，英国东方银行（原丽如银行）在香港设立分行，这是中国最早的近代商业银行；1864年，在香港筹建的汇丰银行，后来发展成为中国最大的外资银行；1904年，清政府官办的广东官银钱局成立；1908年，大清银行又在广州设立分行。民办银行起步早于官办。1898年，中国第一家商办的中国通商银行在广州开设分行；1904年，广州大信银行又告成立。到了20世纪初，民营的广东银行、广州东亚银行、南方银行等商业银行创办，总共有近10家民营银行或其分支机构出现，广州金融业的规模甚至超过了香港。

侨批业是广东、福建等地特有的服务于华侨和侨属的邮政汇兑行业。当时华侨遍及世界各地，但中国与许多地方都没有非商业性的金融汇兑，邮政业务也不发达，于是一些华侨社团，甚至中国人开设的旅店、杂货店，都开始经营这项业务。这种承揽华侨向国内汇款，以及华侨和侨属之间书信往来业务的机构，也被称为“批信局”。鸦片战争后不久，广州就出现了经营侨批业务的机构，民国时期达到20多家。其中“广安号”是历史最长的侨批机构，此外还有专营越南侨批的“岑兴记”、专营美洲侨批的“汇安庄”等。

鸦片战争后，摄影师用西式照相机给人照相，成为广州街头一景。1859年，广州最早的宜昌照相馆在河南开设。民国时期，照相业十分兴盛。1912年，三水人黄跃云、刘骨泉合资在中山五路创办了艳芳照相馆，后来发展为驰名广东及港澳的照相馆，曾为孙中山、鲁迅等人照相留念，新中国成立后仍一直执广州照相业之牛耳。

海珠大戏院旧址

（图片来源　http://pic.sogou.com）

20世纪初，就有华侨带回电影放映机在长寿路一带放映“映画戏”。到1932年，华侨朱荫桥、朱家藩等人合资开办新华戏院，播放有声电影，这是广州第一家电影院。1934 年，两人又投资兴建了金声戏院，这座影院拥有冷气设备，当时在国内极为罕见。同时，晚清民国时粤剧兴盛，戏院业也随之繁荣，有大观园、海珠大戏院等所谓“省城五大戏院”并峙的局面。其中 1926 年改建后的海珠大戏院，观众席为 3 层，共有 2 000 多个座位，日日座无虚席。

发达的商贸活动使广州云集了全国和世界各地的商人，旅馆业也相应繁荣起来。这一时期广州的旅业，除了传统的“客栈”不断增多外，设施和服务更加现代化的“酒店”式旅馆也发展起来。比如前面提到的大新公司就开设有旅馆，而先施公司 1914 年也在其百货大楼旁修建了 6 层高的东亚酒店，它以拒绝黄、赌、毒的“三不”政策闻名于世。1934 年，华侨陈卓平等投资兴建的爱群大酒店共有 15 层，高 64 米，是当时国内最为现代化的高层建筑，被誉为“南中国之冠”。酒店共有客房 300 多间，客房内设有电话、卫生间，大厦里有电梯、风扇、空调等设施，并有中西餐厅、酒吧等，是当时广州现代化旅业的翘楚。

爱群大酒店

（图片来源　http://pic. sogou. com）

清代以后，对各地餐饮的评价形成所谓“四大菜系”、“八大菜系”之说，粤菜当之无愧地位列其一。广州美食不胜枚举，更有“食在广州”的称誉。而不少驰名中外的酒楼就创办于晚清民国时期，比如光绪年间创办的陶陶居、莲香楼，以及民国时的泮溪酒家和广州酒家等，其中广州酒家更有“广州第一家”之誉。此外，一些西式的茶餐厅和西餐厅等同样遍地开花，广州的餐饮业盛极一时。

传统工商业店铺仍然十分繁荣。据统计，清末民初时广州城共有各类店铺 27 000 多家，并延续了明清以来分类集中的格局，在各街区中形成相当精细的专业性分布。比如在现在的天成路、大新路、诗书路、海珠中路和纸行路一线，有专营土、洋纸张的店铺；在今北京路、西湖路和教育路一带，有专营书籍和文房四宝的店铺；在今一德路一带，有专营“广造钟”的钟表业店铺；而书坊街沿街都是眼镜店铺，所以又被称为“眼镜街”。

值得一提的是，陈济棠治粤期间，广州市有规划地建设了惠爱路（今中山六路）、上下九和西濠口（即长堤一带）三个商业中心区，使广州商业有了一定的布局，更加适应城市人口分布和市民生活的需要。在这三个商业区里，百货公司、小商铺、旅馆、酒店、电影院以及其他服务业应有尽有，每天人头攒动，已经初步形成近现代化的城市商业风貌。

晚清民国时期，广州外贸仍以西方国家为主要贸易伙伴。虽然广州在全国的外贸口岸中地位下降，但是较此前仍有所发展。这一时期外贸领域发生的一些重大变化尤其值得关注。一方面，广州外贸交易额持续增长，商品种类大增，在全国的外贸处于逆差地位时，广州外贸却仍然保持顺差；另一方面，从事外贸的内、外资本迅速发展，外资“洋行”在广州纷纷开设，而如冯柏燎和李道明等人合办的利丰公司等华资企业，也在外贸中大展身手。这些企业都是以近代化的商业机制来从事外贸商业活动。最重要的是，广州外贸的商品结构出现了显著变化。

晚清民国时期，在广州外贸的出口商品中，茶叶、瓷器等以往大宗商品的出口数量一落千丈。由于江西、安徽及江浙等省茶叶多选择从上海及长江各开放口岸出口，福建茶也由福州、厦门出口，特别是19世纪末印度、斯里兰卡等国茶叶种植大获成功，广东茶叶在竞争中处于下风，广州的茶叶出口在外贸中逐渐趋于无足轻重。西方自18世纪末开始仿制瓷器，经过近百年的发展，如法、英等国的制瓷技术水平不断提高，日用瓷器已无须依赖从中国进口。除了一些工艺品瓷器外，广瓷的出口数量大为减少。晚清以来，珠三角的缫丝业非常兴盛，而盛极一时的丝织业则迅速没落。这一时期，广州生丝出口量大增，最高时超过出口总额的一半，但丝织品出口量同样微不足道。在出口商品中，较为大宗的还有竹、藤制品和矿产品，尤其是竹制地席十分畅销，而钨、锑、锰、铜等矿产品的出口值稳步上升。

在进口商品中，传统大宗的棉织品仍稳居首位，而煤油、五金制品进口量逐年增长，出现了许多专营“洋油”、“洋钉”、“洋铁丝”的五金商店。此外，机械产品和一些生产原料在商品进口中也开始占有一席之地。

从进出口商品的结构可以看出，中国半殖民化程度加深，并日渐成为世界殖民体系的一个组成部分，原材料出口和工业制成品进口成为广州外贸的主要内容。但与此同时，进口商品以日用消费品为主，说明对外贸易与人民生活的关系日益紧密。而一些重工业产品和铁路建设材料等生产原料的进口，也反映了中国民族工业在逆境中艰难成长。

2. 商人力量的增强及其社会作用的展现

近代产业的发展，使得广州的社会结构发生很大变化，新兴的资产阶级和工人阶级人数日益增加，从事各种新职业的人也越来越多。20 世纪初，广州城区约有 10 万住户，其中有商户近 3 万户，产业工人约为 8 万人。而 1911 年成立的粤商维持公安会登记会员有 2 500 多人，除洋行买办 30 余人和经营工厂的近百人外，其余都是商业和金融业者，反映了商人在社会中占有重要地位。

晚清民国时，中央政府对地方的控制力削弱，为地方势力在地方重大事务中发挥作用提供了契机。在这一时期，广州除了知识分子团体活跃，进行各种思潮的宣传和革命活动外，工商业者也与士绅联合起来，形成地方绅商组织，并在社会和政治活动中发挥越来越重要的作用。

绅商组织的形式有很多种。鸦片战争后，广州士绅组织的社学、团练成为反英入城斗争的中坚力量，而行商出资出力，积极参与其中。除了在两次鸦片战争期间十分活跃的社学、团练外，文澜书院是广州绅商一个较为重要的组织。其主要成员大多是具有较高“功名”的绅商，所以是一个上层分子社团。此外，像“锦纶堂”这样的工商业行会很早就在广州出现，如丝行、米行、油行、茶行、银行（钱庄）、木行等，甚至饮食业还细分为饭店行会“颐怡堂”、茶楼行会“协福堂”和粉面小食行会“广志堂”等。清末时，各行会联合起来，形成一个有一定凝聚力的跨行业的工商业行会联合组织，称作“七十二行”。1904 年，广州商务总会成立。总商会虽然具有半官方性质，但参与者主要是各行会商人。此外，以举办慈善事业为主的“善堂”在地方上也有较大影响力。

绅商组织最初的主要职能是管理或合作处理一些社会事务。例如，团练、社学显然负有维护地方治安的责任，而文澜书院也负有每

年组织对东、西濠和六脉渠等进行疏浚的重要任务。而“七十二行”的成立与此后随即组织“商办厘局”、包征广州地方的工商厘税有关。此外，为应对火灾，做好火灾防范、扑救等工作，绅商们还成立了广州市慈善救火会、下九甫联合救火会等组织。

公益慈善事业是绅商组织的另一重要职能。清末民初时，广州较为活跃的慈善机构有 10 多家，其中润身社善堂、爱育善堂、崇正善堂、述善善堂、明善善堂、方便医院、广济医院、广仁善堂、惠行善堂并称为“九大善堂”，在防治疾疫、扶助贫病、救济难民、收殓和安葬无主尸体，以及赈灾等各项慈善事业上，都发挥了很大作用。

随着绅商组织影响力增大，广州商人也开始争取政治事务的发言权。比如，在晚清政府的“新政”改革中，文澜书院的头面人物邓华熙、卢乃潼等人组织了广东地方自治研究社，积极倡导推行宪政。而各行商会组织了粤商自治会，代表工商业者的利益进行活动。在抵制日货和抵制美货运动、收回路权和保路运动、非基督教运动等历次近代爱国民主运动中，广州绅商也都积极参加。在地方政局变动中，绅商组织也往往扮演着重要角色。

方便医院救护队

（图片来源　http://pic.sogou.com）

（四）海珠桥与中山纪念堂：广州近代化商贸都市的面貌

晚清民国时期，广州迅速成长为一个近代化的国际商贸都市，不仅表现在前面所提及的近代化工商、服务、金融和交通等产业的发展，还表现在科教文化、医疗卫生和新闻传播等公共事业的发展，以及近代化市政建设的开展和城市功能的实现等方面。其间，张之洞督粤、孙科任广州市长及陈济棠治粤三个时期，是广州城市近代化发展成绩最为卓著的三个阶段，而 1921 年广州市政厅的建立则成为重要的标志性事件。

1. 广州城市近代公共事业的发展

中国教育的近现代化发端于1839年天主教传教士在澳门创办的马礼逊学堂，以及稍后迁至香港的英华书院等由外国人主办的西式学堂。1864年6月，广州同文馆开办，这是广州近代化教育事业的开端。1884年，张之洞出任两广总督后，大兴洋务、博采西学，兴办了广东水陆师学堂和西艺学堂，1887年又创办广雅书院等。1905年，清廷废除科举制度，新式学校在广州普遍设立。到20世纪30年代，广州已有新式高等学校近30所、中小学校270多所。其中较为著名的有岭南大学（1888年）、中山大学（1924年）、培正中学（1889年）等。这些新式学校一般都拥有宽敞的校舍、操场，配备西式教学器材和设备，并设有礼堂、图书室、实验室等，采用近代化的教学内容和教学方法，对传播近代科学知识和提高人口素质起着重要的作用。

中山大学北门

（图片来源 http://pic.sogou.com）

西式报刊的引进推动了中国近代大众传播业的发展。鸦片战争前，西方人就在广州刊印报纸，比如1832年美商创办的《中国丛报》等，不过这一时期报纸的发行量和影响力都比较有限。鸦片战争后，香港创办、发行了不少有影响力的近代报刊，比如英国人创办的《香港公报》，以及中国人创办的《华字日报》、《循环日报》等，英商还在广州创办了《广东探报》。维新变法时期，维新派以报刊为宣传工具，近代报刊在广州大量涌现，如《岭学报》、《岭海报》等都活跃一时。民国初年，全国报业异常繁荣，广州报业也迎来大发展时期，出版发行的有《七十二行商报》、《羊城报》等数十种报纸。此外，西式印刷机械和中文铅字等印刷设备的传入也大大地推动了广州出版行业的近代化。据统计，民国初年，广州近代出版机构超过100家。

西方教会创办的西式医院推动了中国近代化医疗事业的发展。广州最早的西医院就是上文提到的博济医院，鸦片战争后，教会还创办了惠爱医院、柔济医院、两广浸信会医院等。此后广州的各慈善团体也开始按照近代医疗机构的形式组建中西医院。此外，南华医学堂、广东女子医学堂等西医学院的建立，《全体新论》、《西医略论》等一批西医理论著作的出版，都极大地促进了广州医疗卫生事业的近代化进程。而广州奇女子张竹君创办南福医院，组织红十字救伤队，在中国医疗慈善事业和女权运动史上都留下了显赫的名声。

1903 年，广州电话总局成立。1926 年，广州第一条长途电话线——广州至佛山的长途电话开通。到 20 世纪 30 年代，以广州为中心，遍及全省、通话里程达 16 000 多公里的电话通信网络已经形成，通往香港、上海和美国等地的长途通信业务也已展开。1906 年，谭礼庭承办官商合资的广州自来水厂，广州近代化的城市供水事业自此开始。

到民国时期，涉及城市社会生活的公共交通、公园、图书馆、无线广播、天气预报、卫生防疫、消防、慈善救济等众多近代公共事业也都在全国较早地发展起来。

2. 近代商贸都市的风貌

1886 年，两广总督张之洞在天字码头兴建官轮码头，并在以天字码头为中心的珠江北岸修筑长堤。长堤中间为马路，两旁种植树木，沿堤北修建商铺货栈。张之洞还从国外引进电灯照明设备，并批准侨商试办电灯公司，用于督署和市区街道照明。这些举措是广州近代化市政建设的开端。

沙面掠影

（图片来源　http://pic. sogou. com）

辛亥革命后，广东军政府成立工务部，专门负责广州城市建设的规划。1918 年，广州市政公所成立，下设总务、工程等四科，这是广州第一个近代意义上的城市管理机构。市政公所成立后，以修筑新式马路为主要任务。然而遗憾的是，为拓展广州城区面积，使城内城外连成一片，市政公所主持拆除了自宋代以来一直屹立的广州城墙，并利用城基修筑新式马路。到1921年，拆除城墙后的广州已筑成惠爱路、一德路、永汉路、万福路、文德路等十多条近代化的城市街道，称为“大马路”。这些马路多为宽25～33米的花砂路面。相应地，广州市内的交通工具也发生了变化，由过去的轿子、马匹变成了人力车和汽车。

1920年，孙科主持起草新的广州市政制度，模仿美国城市建设的模式制定了《广州市暂行条例》，广州的市政建设由自然发展阶段进入了有规划、有设计的时期。1921年，广州市政公所被改组为市政厅，孙科出任广州市的首任市长，后来又成立了市参事会，广州成为全国第一个建立新市制的城市。自此，广州成为一个独立的行政区划，并且开始实行城乡分治的行政管理体制。

临街骑楼风情

（图片来源　http://pic.sogou.com）

孙科出任市长后，主要是按照西方城市近代化建设的标准致力于广州的市政建设。他在主持开辟市内新路的同时，颁布了《暂行拓宽街道规则》等条例，大力整顿居民侵街占道问题，使全城原有街道拓宽2.5～5米，新建街道铺设水泥路面，两旁筑有人行道。市区内有受雇的清洁工人，负责清理垃圾和疏通下水道等城市公共卫生。除筑路外，孙科还规划建设了近代化的地下排水系统、黄埔港、市民大学、职业训练学校等工程，虽然有些工程没能完成，但广州城市近代化建设和管理的框架已初步形成。

陈济棠治粤期间，广州市政建设大力汲取西方经验，不少市政工程建设完工，广州城市建设的速度加快，城市面貌发生很大改观。

首先，广州市政建设的规划实现了制度化、正规化。1928 年，市政府设立城市设计委员会，次年即公布了《广州市政实施计划书》和《广州市之建设计划》。1930 年，由市政建设专家、工务局局长程天固亲自编写的《广州工务之实施计划》，对广州市区地志、旧城改造与新区建设、城市公共设施等问题进行了全面的论述和规划。1932 年，市政府又公布了《广州市城市设计概要草案》，这是广州历史上第一个正规的城市规划文件。广州的市政建设进入了有理论规划指导的历史阶段。

其次，陈济棠重视引进“海归”人才并使其发挥作用。当时的广州市政府可谓人才济济，各部门负责人大多具有西方专业学术背景。比如曾三次担任市长的林云陔是美国圣乔治大学法学硕士，其他如曾任市长的程天固（牛津大学）、市政府秘书长徐甘棠（美国西北大学）、财政局局长程鸿轩（日本东京帝国大学）、卫生局局长何炽昌（日本东京医科大学博士）、土地局局长黎藻鉴（剑桥大学）、社会局局长伍伯良（法国里昂大学，获德国柏林医科大学博士学位）等，都曾在海外留学。广州的市政建设和管理在很多方面引进了西方的理论和经验。

更重要的是，这一时期广州市政工程建设取得了令人瞩目的成就：一方面，道路交通规划、江岸整治、商铺住宅建设等公共设施的建设成果显著；另一方面，一些标志性建筑建成，并开始发挥重要作用。

在街道建设方面，1932 年，广州建成的新式街道总长为 80 公里，1934 年一年内又修筑了包括逢源路、龙津西路、清平路等在内，总长为 36 公里的 24 条“大马路”，1936 年市区街道增加到近 140 公里。同时，全市有了 5 家公共汽车公司，拥有公共汽车 120 多辆，开辟营运线路 19 条。水运方面，在珠江两岸先后建成包括西堤码头在内的 10 多座过江轮渡码头，方便市区与河南（海珠区）、佛山等地的往来。西村火力发电厂、增埗水厂的建成大大增加了城市电力和自来水的供应。而陈济棠本人则一直将“六脉渠之彻底改造，全广州市下水道之整建”这一政绩挂在嘴边津津乐道。此外，1933 年建成的中山图书馆新馆成为国内藏书较丰、建筑设备最为现代化的一座大型图书馆。加上广州市立植物园（1929 年）、市立博物馆（1929 年）、市立气象台

（1935 年）等一批文教科研机构的建立，有力地提升了近代化城市的社会服务功能。

这一时期，广州市政府不仅规划了三个商业区和三个工业区，还规划建设了松岗模范住宅区。住宅区建设采用了西方流行的“城市田园化”理念，设在当时还处于郊区的松岗，由市政府投入建设道路、下水道等公共设施，并统一制定了住宅建筑标准。住宅区在 1929 年开始建设时便吸引了一大批政府要员、华侨、商人和留学归国人员在此建房，并形成了颇具特色的民国洋楼群。1932 年，市政府将松岗住宅区命名为“梅花村”，这一名称沿用至今。与此相对应的是，清代以来在现在的长寿路、宝华路、多宝路、逢源路及恩宁路一带，有十三行行商和许多富商修建的住宅，称为“西关大屋”。西关大屋和东山洋楼建筑群都是当时的“高尚住宅区”，俗语称作“有钱住西关，有势住东山，无钱无势住河南”。有所谓“东山少爷，西关小姐”，是说东山少年多为权贵公子，西关女性多是富家千金。现在保存较好的西关大屋，多是晚清同治、光绪年间的建筑，与东山洋楼以及各商业区商铺的骑楼建筑，一同构成了昔日广州的繁华风情。

海珠桥旧影

（图片来源　http://pic.sogou.com）

中山纪念堂

（图片来源　http://pic.sogou.com）

陈济棠治粤时期两个标志性的“政绩工程”，一是海珠桥，二是中山纪念堂。连通珠江两岸的海珠桥于 1933 年建成，全长 357 米，宽约 18 米，是三孔下承式简支钢桁架桥，设计可通行10吨汽车。其中主桥长约183米，是电动开阖式的活动桥，这是当时国内最为领先的现代化铁桥。海珠桥的建成使老城区与河南等地连成一体，使广州城区突破了珠江的局限，为此后城市空间的开拓奠定了基础。

中山纪念堂于1931年建成，是一座八角形宫殿式建筑，高49米，面积达3 000多平方米。纪念堂建筑中使用了钢筋混凝土等西式建材，但外形又采用中国传统的殿堂结构，富丽堂皇，古色古香。纪念堂与同期建成的中山纪念碑、广州市政府办公大楼、海珠桥以及建于明代的镇海楼连成一线，将广州传统的中轴线清楚地点缀出来。

晚清民国时期，从发展近代工业开始，向西方学习，推动中国的政治、经济、文化的全面进步成为不可阻遏的历史潮流。在这一时期，近代产业的发展极大地改变了社会经济结构和社会生活的面貌。而在这个快速发展和剧烈变动的历史时期，广州始终立于时代的潮头，较早发展近代化产业，较早接受西方的科学知识和思想观念，不仅为近代反帝反封建、推行民主革命作出巨大贡献，在社会风尚和城市面貌变化、商贸等产业的近代化转型和城市近代化建设等许多方面，都是开风气之先，成为走在全国前列的先驱之城。

六、革故鼎新

——新中国成立后的开放羊城

> 广东要争当实践科学发展观的排头兵……在新的起点上再创改革开放和社会主义现代化建设新的辉煌。
>
> ——胡锦涛

新中国成立后，特别是改革开放30多年来，中国的社会经济飞速发展。作为改革开放前沿地带的广州，在很多方面先饮“头啖汤”，既为社会主义现代化建设事业探索成功经验，也实现了地方经济的腾飞。广州的商贸随着社会主义建设和改革开放事业的发展而繁荣起来。一方面，历经50多年风雨的“广交会”使广州外贸打上了深深的时代烙印，另一方面，社会主义市场经济的确立，使广州的商贸繁荣有了前所未有的内涵和意义。

（一）工商业改造和改革开放：广州商贸的体制变迁

新中国成立后，“三大改造”的完成和社会主义工业化的实现，标志着社会主义制度在我国的确立。党的十一届三中全会以后，我国的社会主义现代化建设进入新的历史时期，经济体制实现了由计划经济向社会主义市场经济的转变。广州的商贸体制同样经历了在不同体制下的发展与辉煌。

1. 工商业改造的完成和计划经济体制的确立

1949年10月14日，广州解放。当时的广州，百业凋敝，民生艰难。人民政府通过没收官僚资本、鼓励发展民族工商业、稳定金融秩

序等各种措施，在3年多的时间里，很快恢复了国民经济，社会生产和人民生活状况都趋于好转。

在全国的国民经济恢复任务完成后，1953年初，中共中央提出了过渡时期总路线，明确了实现工业化和对农业、手工业、资本主义工商业进行社会主义改造的目标。在总路线的指引下，从1953年4月到1956年1月，涉及270个行业、1万多户的广州市私营工商业，通过和平赎买、公私合营等方式，全部实现了生产资料社会主义公有制改造。

新中国成立后，对外废除了帝国主义列强与中国签订的不平等条约，取消了外商在华的一切特权，使中外贸易置于平等和互利互惠的基础之上。而到1956年，“三大改造”完成，社会主义制度在中国确立，对内也消除了封建主义和官僚资本主义对人民的剥削，社会主义的国内外贸易具有为社会主义建设和人民物质文化需要服务的重要意义。

然而在改革开放之前，由于党对社会主义的本质认识不清，高度集中的计划经济成了社会主义的代名词，对经济发展造成严重制约。就商贸活动而言，一方面，企业生产不是根据市场需求，而是根据计划指令进行；商品不能自由流通，而是按照计划调配。另一方面，国营商业在商品流通渠道中一统天下，体制僵化，效率极低，而私营商业饱受打击，近乎绝迹，使我国的商品生产和商品贸易受到严重抑制。

在这样的时代背景之下，广州市的发展规划始终着眼于加强轻、重工业的建设，即将广州建设成为一座工业城市而非传统的商贸城市，虽然广交会承担了外贸窗口的重任，但国内消费和商品贸易的作用未能受到足够的重视。

在此期间，广州的商贸活动陷于沉寂。首先，商业网点减少，商贸活动冷清。由于大量物资服从调配，而不是进行商品流通，因此一般性的商贸活动大为减少。服务于人民生活的零售业、服务业出现萎缩，营业点和从业人员数量也都有所减少，市民消费不活跃。其次，商品生产和商品供应都是国营企业一家独大，甚至连集市中的个体贸易活动也受到多种制约。除了国营、合作和少数有证的商贩外，其他从事商业活动的人员或单位都难逃“投机倒把”的罪名。郊区农户的农副产品生产也面临困扰，甚至农民家中养3只鸭子，还算是“社会主义”，如果超过 5 只，那就变成“资本主义”了！再次，物资短缺、商品匮乏成为长期困扰人民生活的现象。在 20 世纪 80 年代之前，粮油、肉蛋等食品和布匹、烟酒等生活用品，无一不是凭票供应。最多时涉及糖果、针织品、钟表、茶叶等各类生活用品的票证竟达 60 多种。港澳来客给广州的亲戚带回食品、用品，也成为那个时代特殊的人文风情。

由于计划经济体制的束缚，虽然广州在新中国成立后的社会经济建设中取得了一定的成绩，但商品贸易活动与国内其他地区一样，在一个相当长的时间里陷于低迷。

2. 改革开放的最前沿和社会主义市场经济体制的建立

1978 年 10 月，十一届三中全会明确将党的工作重心转移到社会主义现代化建设上来，中国的改革开放事业拉开帷幕。国内改革从农村的土地承包责任制开始起步，并很快拓展到流通领域。20 世纪 80 年代初，农副产品市场放开，不再实行统购统销。80 年代中期以后，经济体制改革的重点从农村转到城市，并提出了建设有计划的商品经济的改革目标。改革集中于扩大企业经营自主权和建立“国家调节市场，市场引导企业”的流通机制等方面，除了农产品和日用消费品市场外，生产资料市场和资金、劳动力等生产要素市场也逐渐放开。同时，外资、合资等各种经济形式的发展受到鼓励，个体经济迅速发展。

进入 90 年代以后，改革开放的总设计师邓小平同志发表南方谈话，中国的改革事业摆脱了“姓社”、“姓资”的争论，推进到更加深入的阶段。1992 年，党的十四大提出了建立社会主义市场经济的目标，明确市场对资源发挥基础性配置的作用。此后，财政体制进行了“分税制”改革，在金融体制方面逐步建立了货币、证券等金融市场，外汇管理体制则在 1996 年实现了常规项目下的人民币兑换，而外贸体制改革也取得突破，在 1994 年取消出口企业的外汇上缴和额度管理制度、实现汇率并轨等措施，为出口企业提供了良好的竞争和发展环境，此后外贸经营登记制度的建立使生产企业取得了经营外贸的自主权。

新世纪开始，改革开放出现了崭新的局面。除经济领域改革继续走向深入外，医疗、住房、文教等各项社会事业的改革也全面展开。随着构建社会主义和谐社会和“科学发展观”的提出，我国社会主义现代化建设有了更加清晰、现实的目标和实现途径。

在对外开放方面，从1979年开辟深圳、珠海等4个经济特区开始，1984年我国又开放了广州等14座沿海城市，1985年，珠三角等地被辟为经济开放区。20世纪90年代以后，我国全方位、多层次、宽领域的开放格局已经形成。特别是到了2001年，中国正式成为世界贸易组织（WTO）的成员国，我国的对外开放已经从最初的以优惠政策引进外资和先进技术、发展外向型经济，进入以WTO规则为基础、参与国际交换和国际竞争、融入经济全球化进程的新时期。

由于广州地处沿海，毗邻港澳，在改革开放中被赋予“特殊政策、灵活措施”，并在1984年被确定为沿海开放城市。1988年，广东省被国务院确定为全国的综合改革试验区，广州在更多的时候承担了改革的试水、探索任务，加上广府人务实开通、勇于创新的精神，使得广州成为我国改革开放事业的前沿地区。

电影《雅马哈鱼档》海报

（图片来源 http://pic.sogou.com）

改革开放初期，以商业和餐饮、服务等行业为主的个体工商业的爆炸式发展，使广州为全国所称羡。随着农产品、日用消费品和餐饮等服务业的开放，广州个体经济蓬勃发展，成为改革开放政策释放私营经济活力的最生动例证。到20世纪80年代中期，广州已有17万“个体大军”活跃在各行各业。1984年在全国热映的《雅马哈鱼档》，是第一部以个体户为描写对象的电影。这部电影对广州个体户早期的经营和成长情况作了真实生动的刻画，成为“广东改革开放的第一张名片”。而“炒更”、“下海”等新名词也同粤语一道风靡全国。

外商和民营资本投资于工业生产，很早就在珠三角一带发展起来，其中港商开办的独资或合资企业比重最大。到20世纪80年代中期，除了酒店、餐饮、旅游、交通等服务业或基础设施建设外，非公有经济更是遍及电子、服装、玩具等各类加工行业。在外向型经济的带动下，形成了以香港为销售地、以珠三角一带为加工基地的“前店后厂”格局。内地劳动力南下“打工”的潮流开始形成，《外来妹》、《公关小姐》等反映合资企业和外来打工人员生产、生活情况的影视剧在 80 年代末 90 年代初风靡一时。目前，广州的民营企业的数量已经超过公有制经济，生产总值也占到全部国民经济的近 40%，其中资产过亿的大企业就有 20 多家，在全国居于前列。

除了生产、流通领域，1986 年，广州作为金融改革试点城市，在全国最早开始进行金融体制改革，并于当年建立外汇调剂市场，以及信托投资公司和城市信用合作社等机构。此外，广州市政府在 1985 年制定的《广州经济社会发展战略》确定了以外经外贸为导向、以轻纺工业和第三产业为重点的发展目标。20 世纪 90 年代以后，以外经外贸为导向、发展外向型经济、加快发展商贸和服务等第三产业来建设广州的思路更加明晰，使得以国内外贸易为主要内容的第三产业成为广州社会经济发展的驱动力量。

自 1984 年成为开放城市，广州在对外开放方面一直走在全国前列。由于地近港澳，广州的外资引进领先一步。如 1979 年，港商霍英东在白鹅潭畔投资兴建了白天鹅宾馆，1983 年建成开业，成为国内最早的合资星级酒店。此后，花园酒店以及作为国际游乐协会第一个中国会员的东方乐园的建设都有港资的参与。现在已有 60 多个国家和地区的外商在广州有直接投资。广州的外资企业超过 8 000 家，其中位列世界 500 强的有 160 多家，外资企业成为广州市国民经济的重要组成部分。此外，广州现在还拥有 20 多处开发区和工业区，其中经济技术开发区、高新技术开发区、出口加工区和广州保税区属于国家级开放区域。

在改革开放的新形势下，走在时代前沿的广州在经济发展和商贸活动等方面，创造了多个全国之最。

1978 年底，广州率先进行水产品流通体制改革，创设了全国最早的河鲜货栈。1979 年 3 月，清平农副产品市场开业，成为全国最早的中药材专业市场。此后农产品、日用消费品市场和价格全面放开，不仅促进了农副产品生产，而且极大地丰富了农副产品的供应。到 20 世纪 80 年代初，广州市内的农贸市场遍地开花，农副产品和消费品短

缺、凭票供应的现象很快就一去不复返了。

1979年10月，广州东山区政府与香港宝江公司合作，兴建东湖新村住宅区，这是全国第一个合资进行房地产开发的项目，东湖新村也成为我国第一个商品住宅小区。1983年建成的区庄立交桥是我国第一座4层多功能立交桥，而1987年建成的人民路、六二三路高架路也是我国第一条城市高架道路。高架路建成时，开放给市民步行参观，两天内就涌入30多万人，可谓盛况空前。其后洛溪桥、黄沙过江隧道、海印桥等也纷纷建成。此外，广州还是我国最早使用无线寻呼（BB机）和最早开通无线电话的城市，1989年，广州又在全国最早实现市内电话程控化。20世纪90年代以后，广州的市政等基础建设进入一个日新月异的时代。

人民路高架桥建成时的盛况

（图片来源　http://www.ycwb.com）

1981年4月，广州友谊公司开设了国内第一家超级市场，这种开架自选商品的销售模式很快得到推广，而超级市场、大型综合性超市、购物中心、专卖店、便利店等各类商业业态很快在广州得到长足发展。比如，1990年开业的“新大新”是当时国内营业楼层最多、设备最为现代化的百货大楼，而1991年开业的广州百货大厦又成为国内营业面积最大的百货商场，1993年开业的南方大厦广客隆是全国第一家仓储式商场。新型商业销售模式总是最先在广州出现，并很快发展壮大，使得广州零售业稳居全国前列。

建于1985年的广州工业品贸易中心打破了外贸主管部门的垄断，成为全国第一家取得外贸经营权的企业。外贸管理制度的变革也促进了广州外贸商业的迅速发展，并居于全国前列。20世纪90年代以后，广州在外贸体制改革和外贸经济发展等方面仍然先行先试，在全国外贸经济中占据重要地位。

走在改革开放前沿地区的广东最早实现了经济的腾飞，在社会主义市场经济体制的完善程度、对外经济和文化交流的开放程度，以及社会经济发展水平等各方面都领先全国，成为中国经济和商贸繁荣的“发达地区”。

（二）广交会：广州外贸的辉煌

每到4月，广州的市花木棉花“燃烧”在枝头，而10月则有紫荆满树，正是羊城百花争艳、气候宜人的好时节。广州每年都在这样的时节举办春、秋两季中国进出口商品交易会。由于交易会固定在广州举行，所以有一个约定俗成的名称——“广交会”。改革开放前，广交会是我国最为重要的对外贸易渠道和对外交流的窗口；改革开放后，广交会继续发展，现已成为世界第二大规模的单年贸易会展，仍然续写着历史的辉煌。

1.“广交会”的发展历程

新中国成立后的一段时间里，中国与许多国家并没有外交关系，对外经济交往受到种种制约，而随着计划经济体制的确立，私营外贸活动也趋于停顿。在改革开放之前，中国外贸的主要方式，是同已建交的社会主义国家签订政府协定、进行记账结算的易货贸易，以及同发展中国家间进行现汇或易货贸易。而与欧美等没有建立外交关系的国家，则通过广交会进行单边的进出口现汇贸易。

1955—1956年，广州先后成功举办了内外贸结合的华南和广东物资交流大会，以及中国出口商品展览会等，以展会形式进行对外贸易的方式得到认可。1957年4月，第一届中国出口商品交易会在广州举行。1957年开始举办的广交会也开始向日本和东南亚、欧美各国的企业发出邀请，进行与非邦交国之间的“民间贸易”，加上大量从事国际贸易的港澳企

20世纪60年代的广交会

（图片来源　http://pic.sogou.com）

业的参与，中国与世界各国的贸易通过广交会以直接或间接的方式展开。

广交会最初由外贸部和广东省政府联合主办，国内的参展主体是纺织、土产、矿产、工艺品等国有商业系统的全国总公司。应邀而来的外商的商务活动由广交会组织机构统一安排，甚至连翻译都由广交会指派。改革开放后，原本由政府主导的广交会改为由企业性质的广州对外贸易中心承办，参展主体也由清一色的国有企业转变为各类企业共同参加、民营企业逐渐唱主角的局面。1999 年，获得外贸经营权的民营企业也得以进入广交会，进行外贸商业活动。

广交会最初的名称是“中国出口商品交易会”，而到了 2007 年春季交易会，也就是第 101 届广交会时，名称更改为“中国进出口商品交易会”。一字之差，反映了广交会交易内容的重大变革。2009 年开始，广交会向从事国内贸易的企业敞开大门，使其变为我国目前规模最大、商品种类最齐全、层次最高的综合性国际贸易盛会。

广交会的馆址也几经变迁，见证了广交会的发展和壮大。首届广交会在位于人民北路的中苏友好大厦举行，1958 年，第 3 届广交会迁至新建于侨光路的中国出口商品陈列馆，这是广交会的第一座专用会馆。1959 年，第 6 届广交会又迁至新建于起义路的陈列馆，但几年之后因不敷应用，1963 年重新启用侨光路展馆为广交会的轻工、工艺会馆，1968 年又启用位于黄沙后道的谊园为土畜产品会馆，至此广交会拥有 3 处会馆。1974 年，流花路展览馆建成，第 35 届广交会迁到这里举行。新馆展厅面积近 12 万平方米，周围有中国大酒店、东方宾馆、流花宾馆和友谊剧院等相关服务机构，交通便利，此后连续举办了 60 多届广交会，成为国际知名的外贸展馆。2002 年，位于琶洲岛的琶洲展览馆 A 区工程建成并投入使用，到 2008 年，B、C 区工程完成。

琶洲国际会展中心夜景

（图片来源　http://pic.sogou.com）

琶洲展览馆总建筑面积有110多万平方米，室内展厅总面积约为34万平方米，室外展场面积也有4万多平方米，同时还拥有餐饮、住宿、交通及其他各种智能化管理和服务设施，现已成为亚洲第一大国际会展中心。2004年，第95届广交会开始在琶洲展览馆举行，到2008年10月完全迁至琶洲会馆。

首届广交会，国内各企业共提供1万多种商品参展，然而展品中主要为农产品、矿产品、纺织服装和工艺品等，是当时中国外贸出口的“主打商品”，虽有少量机械设备展示，但成交者寥寥。这种局面一直持续到20世纪80年代。80年代之后，纺织、玩具一度占据较大比例。到了1999年，机电产品超过出口商品总额的40%，首次居于首位。进入21世纪以后，机电和轻工产品占广交会出口商品的80%以上，而IT等一些高科技产品也开始崭露头角，农、矿产品比例已经变得微不足道了。

首届广交会共有19个国家、1 223名外商到会，出口额为1 754万美元。当年广交会的出口商品额占全国出口总额的5%左右。到20世纪六七十年代，这一比例上升到30%，最高曾超过40%。80年代以后，广交会占全国出口贸易额的比例开始下降，80年代末降到20%，近年则降至10%以下。从这一比例可以看出，50多年来，尤其是改革开放前，广交会在全国的外贸出口中占据了十分重要的地位。

就广交会的成交额而言，改革开放之前增长缓慢，如1957年全年成交额为8 700万美元，1960年增加到2.3亿美元，1970年为9.1亿美元，到1976年也仅增至29亿多美元。然而到了1978年后，广交会的成交额快速增长，如1978年全年成交额为43亿多美元，1989年即突破100亿美元，5年后则突破200亿美元。而到了2010年，春、秋两季交易会均超过300亿美元，全年则接近700亿美元。

参加广交会的外商最初只是来自东南亚、日本和少数欧洲国家。20世纪70年代初，随着中美关系改善，参加广交会的外商的来源国数目迅速增加，到1975年已经超过100个，其中来自欧美的外商日渐增多。进入新世纪后，外商来源地则达到200多处，主要贸易伙伴除中国的港、澳、台地区外，还包括美、日、韩和欧盟等国家和地区。近年来，欧盟、美国和中东成为排在前三位的贸易伙伴。到会外商的人数也从最初的1 000多人，增加到现在的每届近20万人。可以说，广交会吸引了以发达国家和地区为主、世界上几乎所有国家和地区的商人。

近年来，由于电子商务等国际贸易新模式的发展，以及上海“华东进出口商品交易会”、深圳“中国国际高新技术成果交易会”等的竞争，广交会在对外贸易中的地位不断受到挑战，而其自身也在缩短会期、提高专业化水平、调整展区结构等各方面，不断进行着顺应外贸形势发展的变革。

2. 广交会与广州外贸

改革开放前，广交会一度是我国唯一的对外贸易窗口，而在改革开放后，广交会对我国对外贸易仍有重要作用。对广州市和广东省地方的外贸活动来说，广交会同样具有非常重要的意义。

从前文可以看出，在改革开放前，广交会不仅在我国的外贸出口中占据较大比例，对推动外贸出口增长也发挥了重要作用。虽然从20世纪80年代开始，外贸体制改革使得生产和外贸企业获得了很大的外贸经营自主权，而电子商务等新型国际贸易方式也使外贸经营形式更加灵活，广交会不再是独具垄断地位的唯一外贸途径，在外贸出口中的比例也逐渐下降。但是，广交会仍是我国外贸进出口的重要渠道。2009年中国外贸进出口总额已达2.2万亿美元，成为世界第二贸易大国，广交会功不可没。

广东省的对外贸易同样得益于广交会。近水楼台先得月，在广州举办的广交会，为广东企业参加外贸提供了便利，使广东成为广交会上的大赢家。历年来，无论是参展企业数量，还是外贸成交额，广东都稳居第一。而在广交会的带动下，广东也成为全国第一外贸大省，特别是外贸出口额多年来稳居全国第一。到2010年，广东省的外贸出口额达7 800多亿美元，占全国的近30%。

广交会会场

（图片来源 http://pic.sogou.com）

如果作为一个地区与其他国家比较排名，广东居于世界第7位。

广交会推动了广州的社会生产和对外贸易的良性互动。到2010年，广州市的外贸进出口总额超过1 000亿美元。在广州的大宗出口商品中，机电产品约占60%，其他商品主要为纺织、服装、鞋类和箱包等，而进口商品则几乎涵盖了所有商品类别，成交量较大的包括汽车及其零配件、电子产品、机械产品、矿产品和服装、化妆品等日用品，等等。广州的贸易伙伴遍及全球，其中欧盟、日本、美国、中国香港、东盟等国家和地区居于前5位，其交易额占到外贸总额的近70%。

广交会不仅为广州外贸提供了良好的交易平台，还带动了广州会展行业的发展。除了琶洲会展中心和流花展览馆，现在广州还拥有锦汉展览中心、广州国际会展中心等60多处商业展馆，2010年建成的国际商品展贸城成为全国最大的国际商品交流平台。除广交会外，广州每年还举办各种展览、展销会600多个，其中与外贸有关的国际性会展有50多个，比如广州博览会、广州国际照明展览会、广州国际汽车展等。1998年开始举办的广州国际家具博览会，首届到会外商就有3 500多人，现已成为亚洲规模最大的家具博览会。这些综合性的、专业性的会展，不仅提供了商贸交易的平台，还为广州对外的文化交流、经济技术合作、信息交流和金融协作等提供场所，为广州外贸持续增长提供了重要条件。

广交会不仅促进外贸增长，而且对广州的社会经济发展、产业结构调整、引进外资和先进技术，乃至提高广州的国际知名度等方面都有十分重要的作用。广交会的风雨历程在广州的城市史上也留下了深深的烙印。

改革开放前，广州是国内仅有的几个可以见到外国人的大城市，而每到广交会期间，外国人中还有不少是被我们的政治语言定义为“阶级敌人”的外国资本家。外商们常常感觉到，广州人总是用警惕的眼光打量着他们。为讨好与他们打交道的人，外商们甚至学会了佩戴毛主席像章、举着“红宝书”跟着中国人一起读毛主席语录！当然情况并不总是那么尴尬，广州人也在很多时候表现出热情好客的一面。广交会期间，全城大扫除，张灯结彩。参加广交会的中国人也会穿上压箱底的西装，有些外商还会得到免费的食宿安排。珠江边璀璨的灯火平时更是难得一见。当年的广交会，就是广州人的盛大节日！

改革开放后，广交会对广州的城市面貌和市民生活的发展变化贡献良多。比如广交会馆址所在的流花和琶洲一带，宾馆酒店和交通设施迅速发展。尤其是琶洲，在20世纪90年代之前还是一片农田，现在则高楼林立，发展成为广州重要的以会展博览、国际商务、信息交流、高新技术研发、旅游服务为主导，兼具高品质居住生活功能的休闲商务区。琶洲附近的房地产也水涨船高，价格节节攀升，前景十分可观。

广交会还极大地带动了广州宾馆旅游业的发展。目前，广州的星级酒店已发展到300多家，其中五星级以上的就有18家，然而每到广交会期间，仍是家家爆满，一房难求。为广交会服务的餐饮、旅游和娱乐等行业也十分兴旺，大街小巷的外国商人游客对街头美食无不尝之而后快，甚至连出租车司机到广交会时每天也会增加两三百元的收入！

参加广交会的外商

（图片来源　http://pic.sogou.com）

每到广交会时，广州的大街小巷满是金发碧眼或面目如漆的外国人，或东张西望欣赏美景，或专心致志地品尝美食。不少外国人乐不思蜀，就此在广州定居下来，形成了一些外国人较为集中的城区。比如天河北和新港西路一带的楼盘就有许多韩国人居住，远景路甚至成了“韩国风情街”。而在环市东路、淘金路和建设六马路等一带是非洲人经常出没的地方。小北街头黑人众多，不时地向过路的美女吹口哨调情，常会使你误以为置身于某个非洲国度。以天河北路为中心的体育东路、天河路、龙口西路、林和中路等一带，有不少日本人、欧美人士居住于此。番禺的祈福新村、丽江花园等处则以泰国、马来西亚等东南亚人居多。许多黑人、白人大婶操着流利的粤语与小贩们讨价还价，这在广州人眼里已是见怪不怪，因为广州到处都是这种包含了异国元素的本土风情。

广交会以其在国际贸易中的杰出贡献获得了1984年意大利的“国际墨丘利金奖”和1985年西班牙的“国际贸易奖”。一方面，以会展方式进行的国际贸易多年来长盛不衰，并在近年呈现出强劲的发展势头；另一方面，广交会也在提升管理水平和服务质量、进行专业化改革等方面，不断努力创新。在进入新世纪后，广交会焕发出前所未有的生机与活力，成为仅次于德国汉诺威工业博览会的世界第二大单年会展，对“中国第一展”这个称号，更是当之无愧。

（三）“街边仔”和CBD：当代广州的商贸繁荣

改革开放后，特别是随着社会主义市场经济体制的确立，广府人与生俱来的商业活力得到释放。同时，富裕起来的广州人又展示出强大的消费能力，人均消费额等指标多年来一直居于全国首位。商贸活动和旺盛的消费需求相互促进，使得当代广州的商贸活动空前繁荣。

1. 当代广州的商贸格局

改革开放初期，以商业和餐饮、服务等行业为主的个体工商业的爆炸式发展，使广州为全国所称羡。比如在广州第一个领牌的个体户陈兴昌，以经营童装生意在1985年就成为百万富翁。又如创办“周生记太爷鸡”的周德良，曾有上书国务院的惊人之举，提出保护个体工商业者的合法私有财产、开放个体户雇工、允许银行给个体业者发放贷款等要求，并在1983年成为全国第一个得到银行贷款的个体户。而创办“容光饮食店”的容志仁，起家时只有100元资金，连煮粥的锅都是借来的。开业不久，小店每天的利润就超过100元，当时县级领导的月工资也不过如此。由于最早的个体户大多是在街边摆摊营业，所以被称为“街边仔”。而“街边仔”一天的收入比县长一个月的工资还要高，这种情形成为当年报纸热炒的新闻。登上报纸头版

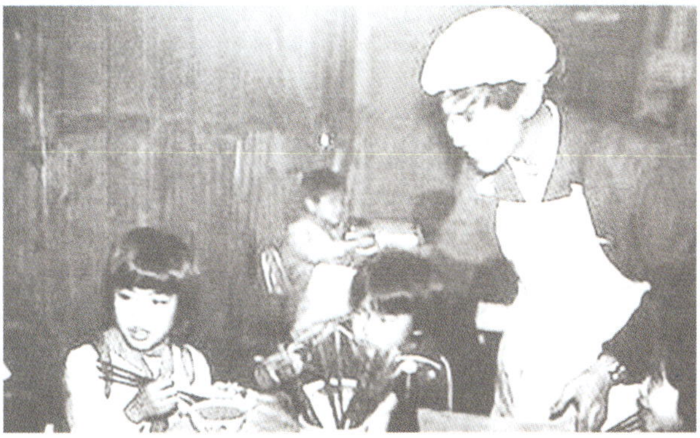

广州最早的个体户容志仁

（图片来源 http://pic.sogou.com）

的容志仁，还曾受到国家领导人邓小平、胡耀邦的接见。现在全国驰名的立白、长隆世界、金海马等著名企业的创始人都是广州最早一批的“街边仔”之一。

在这一时期，一些从事小商品批发的集市异常火爆，其中以1980年开设的高第街市场最为知名，直到20世纪90年代初还热闹兴旺。高第街以经营服装、皮具和日用品为主，当时被称为“小南方大厦”，意思是说这里商品种类多、款式新，丝毫不亚于当时闻名全国的南方大厦，甚至有了“没到过高第街等于没到过广州”的俗语！西湖路灯光夜市同样名噪一时。1984年5月，西湖路开设了全国最早的夜市。当时一过下午5点，西湖路和教育路一带就禁止车辆通行，个体经营者们用竹竿搭好摊档，并挂上电灯照明，灯火通明的夜市很快就人潮汹涌，不仅吸引了来自全国各地的“倒爷”，金发碧眼的老外也慕名而来，甚至“拍拖”的恋人也在此流连忘返。最盛时的灯光夜市有1 000多个档口，将西湖路和教育路塞得满满当当。牛仔裤、超短裙、蛤蟆镜，这些当年在年轻人中时髦流行的商品都是从这里流向全国的。直到20世纪90年代末，西湖路夜市仍是响当当的“南国夜明珠”。

西湖路灯光市场

（图片来源　http://pic.sogou.com）

20世纪90年代之后，一些经营单一商品的商业街区成长起来，形成专业批发市场，有些不仅在国内颇有影响，在国际上也具有相当的知名度。比如一德路海鲜批发市场在晚清民国时期就已成名，有“海味路”之称，90年代后又重现当年盛况。鲍鱼、鱼翅、海参、鱼肚，这些价值昂贵的“山珍海味”，就这样成筐成担地堆在一德路两边的商铺门口，而其销售滞畅与否会直接影响到整个国际海鲜干货市场的价格。又如位于增槎路的江南果蔬批发市场，其商品九成来自外地，除满足广州市场的需求外，还供应珠三角许多城市。特别是这个市场的进口水果交易量，占到全国的70%以上，泰国的榴莲、越南的火龙果、菲律宾的芒果、法国的葡萄以及来自中国台湾的莲雾、杨桃等，都是从海陆空各路先运到这里，再转销内地。

在广州，大大小小的专业市场有1 000多个，涉及服装、皮具、玩具、日化、家电、电子、汽配等40多个商品门类。其中大型专业批发市场有近20个，年销售额过亿的有120个，销售总额近2 000亿元。在国内较为知名的，还有位于火车站附近的天马服装批发市场、位于中山八路的儿童服装城、位于新港中路的中大布匹市场、位于窖口的岭南花卉市场、位于花地湾的芳村花鸟市场、位于芳村大道的南方茶叶市场、位于天河的广州电脑城和太平洋电脑城，以及白云世界皮具贸易中心、桂花岗皮具市场、海印电器城、华林玉器街，等等，不胜枚举。这些专业市场，要么是国内的大哥大，要么是亚洲或东南亚最强，每天都有大批来自国内外的经营者进进出出。这里每一分钱的价格波动，都会使国内和世界各地的同类商品市场发生相关联的变动，比如广东塑料交易所，面向国内外商人发布“广塑指数”，是决定中国塑料市场价格的第一指数。这些专业市场不仅是广州商贸的重要组成部分，更体现了广州在国际、国内市场上的巨大影响力，反映了广州作为国家中心城市和国际贸易大都市的强大功能。

在专业市场集中的城区，还形成了商贸密集的专业市场群落。比如在黄沙一带，有清平中药材市场、黄沙水产品批发市场、谊园文具玩具市场和位于和平西路的医疗器械市场等，分布在黄沙地铁站的东南西北。而在火车站附近的站前路，则有天马、白马、壹马和新大地等服装城，与流花路服装批发市场等相距不远，声气相通。在一德路，其西段是海鲜干货市场，东段则有万菱玩具精品城、德宝交易广场等玩具、礼品市场，并与海珠广场商业区连成一片。在广园中路与永福路一带，又密布着广园汽配城、永福汽配城等颇具规模的汽车配件市场。这些商业群落在提供大型商贸活动的同时，附近的房地产、酒店、餐饮和服务、娱乐等行业也都能快速发展起来，体现了商贸产业与城市发展良好的相互推动、相互促进的关系。

此外，随着社会经济的发展，街边摊档已不再是广州商贸舞台的

主角，服务于各消费层次的、满足各种社会功能的各种商业业态都发展和完善起来。除了本土的自称“士多”的小店遍布街头巷尾，台湾的 OK 便利店、美资 7－11 便利店也遍地开花，满足人们随机产生的零星购物需求。与此同时，万家、家乐福、乐购、好又多、百佳、沃尔玛、吉之岛等中外大型超市激烈竞争，为市民购买日常生活用品提供了多重选择。广州的专卖店门类齐全，仅家电就既有综合性的家电商场，如苏宁、国美，又有海尔、格力、志高等各种品牌的专卖店。服装、鞋类等品牌店则数不胜数，从吸引年轻人目光的李宁、耐克、班尼路等，到满足富裕人群消费追求的高档品牌，应有尽有。提供综合性购物服务的百货公司最受市民青睐，比如广百、新大新、友谊、新光、东百（东山百货）、天河城、摩登等广州七大百货公司，仅在 2011 年春节黄金周，销售额就达 4 亿多元。广州的购物中心，有天娱广场、天河城、正佳广场、中华广场、丽柏广场等，在国内都大名鼎鼎。其中正佳广场和中华广场是追求时尚的“潮人”们的好去处，而丽柏广场进驻的则全是 Louis Vuitton、Hermès、Prada、Fendi 等世界顶级品牌。各种商业业态都充满生机活力，正是广州商贸繁

丽柏广场

（图片来源　http://pic.sogou.com）

热闹繁华的上下九步行街

（图片来源　http://pic.sogou.com）

荣和成熟的直观体现。

经过改革开放30多年的高速发展，以及政府部门的规划和引导，广州渐已形成较为科学合理的商业布局。在上下九、北京路、天河北和环市东路一带，综合了各种商业业态和消费类型，同时又能为消费者提供旅游、餐饮、娱乐和各种服务的极具辐射力的城市商业中心已经形成。比如上下九步行街，两边商铺林立，谓之寸土寸金绝非夸张！这里的日均人流量达60多万，有时达80万人也毫不奇怪，尤其是华灯初上时，霓虹闪耀，行人摩肩接踵，寸步难行。据说2010年国庆长假期间，一些特色小吃店仅牛杂、鱼丸等一天就卖出一万多碗！外地游客来到广州，对这里的热闹繁华往往感到难以置信。

除了这些商业中心，广州还有所谓“十大商业圈”的划分，即包括中信大厦、正佳广场、天娱广场和天河城等的天河商圈，包括中华广场、流行前线、地王广场和东山王府井等的东山商圈，包括北京路步行街和中山四路、中山五路的北京路商圈，包括太平洋电脑城、天河电脑城、总统数码港和摩登百货等的岗顶商圈，包括上下九步行街、第十甫路、宝华路和大笪地等的西关商圈，包括友谊商店、丽柏广场等的淘金路商圈，以及流花商圈、小北商圈、白鹅潭商圈和江南西商圈等。这些商业圈同样是商品琳琅满目，游人穿梭如织。

在珠江新城一带，耸立着世界第六、高达432米的西塔，四周林立着盈隆大厦、君悦酒店、合景国际金融中心等高楼大厦，2015年还将建成高530米的东塔，这里是规划建设的广州CBD（中央商务区）。在珠江新城CBD，众多的写字楼聚满了来自世界各地的大公司、大企业的商务人员，从事高端的商务活动。同时，为现代商贸提供支持的金融、财会、法律、传媒、会展和通信等服务行业也汇集于此。就像世界上著名的CBD，如纽约的曼哈顿、香港的中环等一样，珠江新城

位于珠江新城CBD的广州大剧院

（图片来源 http://pic.sogou.com）

也成为广州最“炫”、最引人注目的城市核心区。

在广州，不仅规模庞大的商业中心、商业圈或 CBD 热闹繁华，在地铁口或居民区附近，每一两个街区必有一处人气极盛的商业旺地。不求时髦潮流、只要生活轻松随意的街坊，不出百步就能购买到既实惠又实用的称心物品。可以说，广州的商贸兴盛，不仅是由于广府的商业经营者有着开拓进取的商业精神，更是因为广州人对商贸活动安之若素的接纳，使广州的每一条街道、每一片树荫，都散发着浸入肌肤的商业气息。

2. 繁荣的市场消费

广州的各类商品贸易都异常活跃。许多广州的专业市场都面向全国经营批发业务，其规模大多名列前茅，往往在价格上主导了全国市场。如水产品、汽车、皮具、化妆品、音像、茶叶和蔬果等商品，都已经逐渐形成了“广州价格”。也就是说，如果这些商品的广州价格上蹿下跳，全国的消费者都会跟着呼吸急促、心跳加速。

在零售市场上，广州人更是表现抢眼。在友谊商场和丽柏广场，一掷千金的豪客不乏其人。比如 2009 年，友谊商场曾宴请 1 000 多位个人年消费 15 万元以上的 VIP（贵宾），其中年消费百万以上的坐了满满一桌。最牛的一个老友，一年花了 190 多万。更让人咂舌的是，在丽柏，一只镶钻的 Birkin 皮包就价值 130 多万元。要想成为丽柏的 VIP，必须一次性消费满2.5万元，或者月消费超过 5 万元才够资格。有些有钱人一年豪掷 500 多万元，用于购买卡地亚或伯爵的珠宝首饰、萧邦或劳力士等名表，以及 LA MER、Chanel 的化妆品等让普通消费者望洋兴叹的顶级奢侈品。

升斗小民精打细算，也有悭钱购物的好去处。持家有道的广州师奶（粤语，即家庭主妇）有时会乘坐 1 个多小时的公交车，到江南果蔬市场购买蔬菜水果、到大笪地购买床上用品等；两三

2010 年广州的迎春花市
（图片来源　http://pic.sogou.com）

个身材相近的朋友相约去白马服装城，就可以批发价购得称心的服装；识路的街坊通常不会在花市上买花，而是乘坐地铁5号线到窖口，在岭南花卉市场挑选蝴蝶兰、百合、银柳和年橘等迎春花卉，价格要便宜一半多。

至于内街巷口、天桥通道，售卖便宜货的“走鬼”摊档也随处可见。走鬼档涉及的商品五花八门，有蔬菜水果、小日用品、影碟等，甚至还有便当点心，以价廉物美吸引街坊。2010年广州亚运会期间，兜售小国旗、亚运吉祥物和纪念品等的“走鬼”档随处可见，且无不赚得盆满钵满。对于“走鬼”们，广州也表现出其他城市较为少见的宽容和谅解。

富裕的广州人有着惊人的消费欲和消费能力。2010年，广州市社会消费品零售总额突破4 400亿元，仅次于北京、上海。而算到人均消费，总额则近3万元，稳居已保持多年的全国第一。此外，广州的餐饮消费每年有600多亿，人均则达5 000多元，是全国平均水平的4倍多，同样多年来居于第一。旺盛的消费是广州商贸繁荣最为生动的注脚。

（四）四线三圈，两轴一带：国际商贸都市的新格局

进入新世纪，广州围绕建设国家中心城市、建设广东“首善之区”的发展目标，努力提升作为国际商贸中心和文化中心的地位。而高速发展的中国社会经济和突飞猛进的广州城市现代化建设，为实现上述目标奠定了坚实的基础。

1. 广州城市的现代化建设

2010年，中国的GDP（国内生产总值）已接近5.8万亿美元，成为世界经济总量第二大国和外贸第一大国。广东的GDP则超过6 000多亿美元，居于全国首位，而人均GDP接近7 000美元，达到了中等发达国家的水平。就广州而言，2010年的GDP有1 600多亿美元，人均超过1万美元，已经达到发达国家水平。

广州的社会经济发展不仅表现在GDP增长上，更表现在产业结构的调整和城市化、信息化以及国际化程度提高等方面。改革开放之初，广州产业发展的重点是服务于加工贸易的劳动密集型初级加工制造业。20世纪90年代之后，资本和技术密集型的加工产业发展迅速。

进入新世纪以来，第三产业开始在国民经济中占据主导地位。一方面，电子通信、汽车制造和石油化工等三大传统支柱产业继续高歌猛进，而 IT 软件、生物医药、新材料、新能源等高新技术产业成为制造业发展的主旋律。另一方面，商贸、金融、通信、旅游和教育医疗等服务性行业增长迅猛。在广州 2010 年的 GDP 中，第一、二、三产业所占比重分别是 2%、37% 和 61%。产业结构的优化不仅有利于广州经济的持续稳定增长，更有利于转变贸易增长方式，提高广州的国际竞争力，对广州实现国际商贸中心地位具有重要意义。

伴随着经济腾飞的，是广州的市政和各种基础设施建设令人瞩目的成就。在市内交通方面，除了密集的公交线路和往来穿梭的出租车外，BRT（快速公交系统）已开通 40 多条线路，通车里程近 190 公里。此外，快捷的地铁现已开通 8 条线路，总长达 230 多公里，不仅为市民出行提供便利，还和机场、火车站等实现无缝对接，使广州的立体交通架构日渐成熟。到 2015 年，计划建设总长 260 多公里的 10 条新线建成后，广州地下将形成密如蛛网的交通网络，如同传说中的武林高手打通了任督二脉，将使广州增加无穷的发展动力。

在对外交通方面，建于 2004 年的广州新白云机场是华南地区最重要的航空枢纽，现有定期国内航线 120 多条、国际航线 90 多条。2010 年，白云机场旅客吞吐量为 4 000 多万人、货邮吞吐量为 100 多万吨，居世界第 15 位。广州港则是华南地区最大的外贸口岸，可通航世界 100 多个国家和地区的 600 多个港口，2010 年货物吞吐量超过 4 亿吨，集装箱吞吐量超过 1 200 万箱。建于龙穴岛的南沙港是广州港的一个组成部分，是一个优良深水港，以发展集装箱运输为主，现已成为珠三角地区仅次于香港的第二大自由港。京珠高速公路是广州与内地的公路交通动脉，而广深、京九等铁路与全国的铁路网联成一体，使广州与全国各地都有通畅的交通。在广州乘坐新建成的武广高铁，2 个小时可以抵达长沙，3 个小时即可抵达武汉，使广州与湖南、湖北等内地省份鸡犬相闻、声息相通。此外，广州与其他珠三角各城市及省内各地，有广佛地铁、广珠城际铁路以及广深、广惠等高速公路相互接通，使广州在珠三角及华南地区的核心枢纽地位越来越突出。

1994 年，广州最早在全国建立了有线和无线相结合、连接国内外的现代化通信网络，数字移动通信也快速发展起来，现已能提供有线、移动、卫星和光纤等各类通信产品服务。作为中国的三大通信枢纽之一，广州还是中国三大因特网国际出口和核心节点之一，在信息技术应用及产业发展方面走在全国前列。随着公共图书馆、政府信息网站等各类信息工程的建设，以及在治安和交通管理方面的应用，广州已开始进行信息化和数字化的城市管理和服务。时至今日，广州人已可在公交车、出租车里观看数字电视，而时髦的年轻人也能在公园、街头观看手持电视，3G 手机已经开始普及。第 16 届亚运会期间，广州还为市民提供了 2 个月的免费无线上网服务，包括亚运场馆在内的大多数公共场所都能实现无线上网。随着信息技术的发展，企业间的电子商务的比重日益增加，而政府信息通过网络公开、人民通过网络问政和办理行政事务也日渐成为潮流，信息化、数字化的“无线广州”已粗具雏形。

近年来，广州市在公路桥梁、水电煤气等方面都取得了丰硕的建设成果，特别是园林绿化和污水治理，成绩最为突出。有着“花城”美誉的广州，市内共有 200 多处公园，绿化覆盖率超过 40%，“国际花园城市”、“国家森林城市”的称号当之无愧！2011 年初建成的城市绿道，将公共绿地、交通干道绿化带，以及市内的主要旅游景点浑然一体地联结起来，如同美人罗裙上的绿色丝绦，将广州装扮得更加妖娆，“山、水、城、田、海”的生态城市架构初步形成。

文塔与复涌后的荔枝湾

（图片来源　http://pic. sogou. com）

历史上的广州“六脉皆通海”，城内水道纵横，舟楫通行，然而城市化进程和人口扩张使此情景不再。从 2006 年开始，广州市政府每年都要举行一次集体横渡珠江的活动，以表示整治珠江水污染的决心，近年来更是连年投入巨资治理市内河涌。通过整治，市内大多数河涌不再污水横流，东濠涌还变身为溪水潺潺的绿化景观。而揭盖复涌的荔枝湾，又重现昔日“一湾江水绿，两岸荔枝红”的岭南美景。

2010 年，第 16 届亚运盛会的成功举办，使广州更增国际知名度。亚运会不仅促进了广州在体育场馆、交通服务和环境绿化等方面的建设，更使广州的城市面貌焕然一新。整饰后的西关古色古香，天河靓丽鲜明，荔枝湾风景如画，白云山秀美清新。特别是亚运期间，来到花城大道，鲜花怒放，人流如织，两边有密集的现代化楼宇，珠江边的广州大剧院、新广州图书馆、新博物馆等建筑更是外形别致。向北望去，中信大厦傲然耸立，南边则有广州电视塔如动感十足的飞镖直刺云霄，翡翠般的西塔在碧蓝的天空下更显晶莹剔透，三大地标建筑与宝瓶形状的花城广场相互映衬，构成了极富现代感的新的城市中轴线。到了夜间，灯火迷离，海心沙上熊熊燃烧的圣火分外明亮，灯火映照下的珠江流光溢彩，仿佛无数玉珠宝石发出的斑斓光芒，美轮美奂的现代都市美景使人欢喜赞叹、心醉神迷。

广州新中轴线夜景

（图片来源 http://pic. sogou. com）

2. 国际商贸都市的新布局

进入 21 世纪，千年商都向着建成国际商贸中心、再现历史辉煌的目标奋进。广州悠久的商贸历史和商业文化积淀，以及坚实的现代化产业基础、快速增长的社会经济、现代化的交通和信息通信事业等，是实现这一目标的实力雄厚的基础。而在发展现代商贸所必需的金融、物流及其他服务业等方面，广州也具备了相当优越的条件。在此基础上，广州市委、市政府设计和领导实施的城市商贸发展规划，为新时期广州现代化商贸布局和商贸发展描绘了宏伟的蓝图。

广州金融业的发展始终居于全国前列，金融机构的密集程度堪与“银行多过米铺”的香港相媲美。近年来，广州在吸引外资金融机构入驻方面取得显著成效，特别是珠江新城 CBD 的集聚效益彰显，使广州作为区域性金融中心的地位不断加强。众多颇具影响力的传媒机构的汇集，使广州的广告业在全国也一直位居前列。而广交会闻名世界，带动广州会展行业领先全国。此外，广州还有中山大学等国际知名学府和科研机构，对世界各地的高端人才也别具吸引力，因而拥有许多进行现代商贸活动所需要的金融、财会、法律和商务研发等方面的人才。这些都是广州现代商贸，尤其是高端商贸发展的重要依托。

广州亚运会时的花城大道

（图片来源　http://pic.sogou.com）

现代化的交通运输业和交通枢纽的优越位置使广州物流业迅速发展。2005 年，美国联邦快递公司的亚太转运中心落户广州白云机场，美国联合包裹服务公司（UPS）、丹麦马士基等外企也纷纷在广州设立子公司或分公司，其中美国的 UPS 还开辟了广州与美国间不经停的货运航线，结束了白云机场对美空运依赖转运的局面。此外，本土的宝供、南方等物流公司也成长起来。在仓储、配送等各方面都实现了数字化管理的现代物流业，使广州成为华南地区最大的物流集散地，为广州的商贸繁荣提供了可靠的支撑。

发展现代商贸所必需的高端服务业，广州更是毫不逊色。所谓“食在广州”，不单是指粤菜独占鳌头，更是指广州融通南北，汇集了川、湘等各地名菜，乃至新疆烤全羊和土耳其烤肉、海鲜潮菜和日韩料理、广式蛇羹和法式鹅肝，世界各地的美食都汇集于此。丰富的旅游资源使广州发展旅游业的条件得天独厚，白天鹅酒店、花园酒店等更是全国同行内的翘楚，在全世界的酒店业中也并不甘居人后。市内还有完备的文化体育设施，除了亚运会这样的国际体育盛会外，每年都有高水平的羽毛球、足球等国际、国内比赛在广州举办，而广州新年音乐会等文化盛会，同样能吸引许多老外前来观看聆听。所有这一

切，都为广州现代化商贸的发展提供了良好的条件。

在新世纪之初，为推动国家中心城市和国际贸易中心的建设，广州市委、市政府拟定了《广州2020：城市总体发展战略规划》，将商贸、金融和服务业等确定为广州中心城区产业发展和功能定位的主要目标，更加明确了“东进、西联、南拓、北优、中调”的城市发展战略。2010年出台的《关于加快发展现代商贸流通业推进国际商贸中心城市建设的意见》，提出了“四线三圈，两轴一带”的规划设想，为广州城市现代化商贸布局描绘了更为清晰的前景。

所谓“四线三圈，两轴一带”，是指以东、西、南、北四个方向的地铁、轻轨和快速干道交通放射线为基础，规划实施“东推进、西延伸、南拓展、北培育、中提升”的商业网点发展布局；以广州城市环形干道为圆周，打造“内精、中厚、外强”的三个商业圈层；以老城区传统商业中轴线、新城区现代商业中轴线和珠江滨水带为核心，建设集文化历史、休闲娱乐、商旅互动、滨水景观等商业功能于一体的广州“千年商都”、“购物天堂”的特色形象。

广州的城市商贸发展规划不仅厘清了广州现有的商业格局，亦对如何发挥广州所拥有的条件优势，顺应现代商贸的发展潮流，以实现广州的“购物天堂”、“国际商务会展中心”和“国际采购中心”的地位，提供了清晰可行的思路，为推动广州社会经济发展和产业布局优化、满足人民生活需求、建设现代化的宜居城市，提供了必要的条件。

30多年的改革开放，社会主义现代化建设事业的高速发展，使得中国日益强大和成功崛起。广州的城市建设和商贸发展，已经站在与此前任何时期都不可同日而语的历史起点上。在邓小平理论、“三个代表”重要思想以及科学发展观的指导下，广州已成为经济实力、城市活力和文明魅力相映生辉，科学发展、社会和谐的社会主义现代化建设排头兵。广州人民开拓创新、奋发进取，更使千年商都重新大放异彩，日益成为一座高端产业集聚、商贸繁盛、现代化城市功能完善、社会经济高度发达的当代国际商贸大都市。

参考文献

1. （清）屈大均．广东新语．北京：中华书局，1985
2. （清）梁廷枏．粤海关志．台北：文海出版社，1975
3. 黄佛颐．广州城坊志．广州：广东人民出版社，1994
4. 龚伯洪．商都广州．广州：广东省地图出版社，1999
5. 杨万秀．广州史话．广州：广东人民出版社，1986
6. 杨万秀，钟卓安．广州简史．广州：广东人民出版社，1996
7. 叶春生．广府民俗．广州：广东人民出版社，2000
8. 陈泽泓．广府文化．广州：广东人民出版社，2007
9. 陈学军．古代广州的外国商人．广州：广东人民出版社，2002
10. 江滢河．广州口岸与南海航路．广州：广东人民出版社，2002
11. 陈代光．广州城市发展史．广州：暨南大学出版社，1996
12. 刘波．广州海洋文明遗迹与文物．广州：广东人民出版社，2002
13. 黄文宽．广州古城砖拓片及修城考．广州：岭南美术出版社，2007
14. 陈柏坚．广州外贸两千年．广州：广州文化出版，1989
15. 曾昭璇．广州历史地理．广州：广东人民出版社，1991
16. 广东省人民政府外事办公室，广东省社会科学院编．广州与海上丝绸之路．广州：广东省社会科学院，1991
17. 梁嘉彬．广东十三行考．广州：广东人民出版社，2009
18. 郭德焱．清代广州的巴斯商人．北京：中华书局，2005
19. 章文钦．广东十三行与早期中西关系．广州：广东经济出版社，2009
20. 赵春晨，冷东．广州十三行研究回顾与展望．广州：广东世界图书出版公司，2010

21. 陈伟明．从中国走向世界：十六世纪中叶至二十世纪初的粤闽海商．北京：中国华侨出版社，2003
22. 杨万秀．广州通史．北京：中华书局，2010
23. 王晓玲．广州与世界．广州：广州出版社，2010
24. 王晓玲．广州与亚洲．广州：广州出版社，2010
25. 丘传英．广州近代经济史．广州：广东人民出版社，1998
26. 吴智文，曾俊良．从稚弱到繁荣：广州百年经济发展剪影．广州：广州出版社，2001
27. 胡巧利．变化的时空：广州百年交通与通信概览．广州：广州出版社，2001
28. 王林生．广州之最（1949—2009 年）．广州：广东经济出版社，2009
29. 廖惠霞，欧阳湘．广州改革开放历程．广州：广东经济出版社，2008
30. 蒋建国．广州消费文化与社会变迁．广州：广东人民出版社，2006
31. 刘圣宜，宋德华．岭南近代对外文化交流史．广州：广东人民出版社，1996
32. 徐德志．广东对外经济贸易史．广州：广东人民出版社，1994
33. 广东省档案馆．图说广东改革开放 30 年．广州：广东人民出版社，2008
34. ［日］滨下武志．中国近代经济史研究．孙彬，高淑娟译．南京：江苏人民出版社，2006
35. ［英］马士．东印度公司对华贸易编年史．区宗华等译．广州：中山大学出版社，1991
36. 陈高华等．海上丝绸之路．北京：海洋出版社，1991
37. 黄启臣．广东海上丝绸之路史．广州：广东经济出版社，2003
38. 王元林．国家祭祀与海上丝路遗迹：广州南海神庙研究．北京：中华书局，2006
39. 王晓玲．哥德堡号与广州海上丝绸之路．北京：中国评论学术出版社，2008
40. 李庆新．濒海之地：南海贸易与中外关系史研究．北京：中华书局，2010
41. 李庆新．海洋史研究．北京：社会科学文献出版社，2010